ᴧᴧɴᴅᴅᴀ

Glaw
a
Hindda

JENNY OGWEN

Dymuniadau gorau

Jenny

Gomer

Cyhoeddwyd yn 2007 gan
Wasg Gomer, Llandysul, Ceredigion SA44 4JL

ISBN 978 1 84323 885 0

Dymuna'r cyhoeddwyr gydnabod cymorth
Cyngor Llyfrau Cymru.

Argraffwyd a rhwymwyd yng Nghymru gan
Wasg Gomer, Llandysul, Ceredigion

I

Rhodri, Sara, Soffia a Gabriel Jac

Fe wedodd rhywun doeth rhyw dro,
'Os 'ych chi'n deall o ble chi'n dod,
mae'n haws gwbod i ble chi'n mynd'.

CYNNWYS

7

RHAGAIR

Diolch yn fowr iawn i Bethan Mair yng Ngwasg Gomer am ofyn i fi sgrifennu'r llyfr 'ma. Fydden i byth wedi cael yr hyder i sgrifennu oni bai iddi hi roi'r gefnogaeth i mi a llywio'r cyfan drwy'r wasg mor dyner a phroffesiynol. Diolch i'm ffrindie am adel i fi ddefnyddio'u henwe – a maddeuant, os gwelwch chi'n dda, gan unrhyw un sy'n teimlo i fi eu gadel mas, neu sydd wedi'u henwi a minne wedi anghofio gofyn caniatâd.

Diolch i Euryn, fy ngŵr, am 'i amynedd wrth gywiro a chymoni a diolch yn arbennig iddo am adel i fi weud y stori a pheido ychwanegu pethe na thynnu pethe mas pan wedd e'n gwneud y gwaith.

Ma'r llyfr hwn wedi'i sgrifennu fel wdw i'n siarad, yn nhafodieth Shir Benfro. Ma geirie fel 'wên i' (roeddwn i) a 'wên ni' (roedden ni), 'wedd' (roedd neu oedd), 'wêr' (oer), 'ôd' (oed) 'gili' (gilydd), 'getre' (gartref), 'weth' (eilwaith) a 'myni' (mynydd) yn frith drwy'r llyfyr. Os 'ych chi'n stryglan, gwedwch (dywedwch) be chi'n weld a falle daw e'n gliriach bryd 'ny (bryd hynny). Gobeitho, ta beth! O ie, a sai'n gweud 'ei'. Jyst ''i'. Ac Abergweun a Tenby fydda i'n gweud – a sai'n treiglo bob tro, yn arbennig gyda geirie pwysig fel Crymych. Gobeitho bo 'ny'n iawn gyda chi!

Jenny Ogwen

9

Ymhell, Bell yn Ôl

'Cadw dy ben lawr, cadw dy ben lawr, Jen' – dyna Dad yn neud 'i ore i 'nghael i i chware golff i ryw fath o safon pan wên i'n blentyn naw mlwydd ôd. Dwi'n dal i gadw 'mhen lawr, ond dyw'r golff heb wella o gwbwl!

Teulu Mam

Tasen i'n dilyn DNA teulu Mam, fe ddylen i fod â llond mop o wallt coch ac yn rhedeg un o dai ffasiwn Llunden. Wedd fy hen dad-cu, Dan Davies – Dan Gocha, fel y gelwid e – yn dod o Hermon ac yn deiliwr penigamp, a'i holl deulu o wyth o blant yn deilwried hefyd. Sara Davies wedd 'i wraig ond bu farw'r ddou ohonyn nhw yn ffliw fowr 1918. Wedd Mam-gu – Esther, merch Dan a Sara – yn gallu gwinio'n arbennig. Bydde Mam yn mynd i'r ysgol yn y bore ac erbyn iddi ddod getre dyna ffrog newydd yn barod. Bu farw Esther pan wên i ond pedwar mis ôd ac, yn anffodus, wnes i byth ddysgu'r grefft o winio. Prin y galla i winio bwtwm ar grys Euryn, y gŵr – er, dyw e ddim yn achwyn!

Shoni wedd Mam, neu Loli – yn fyr am Sarah Olwen – wedi'i magu yn Clydach Vale yn y Rhondda. Wedd Dad-cu, Lewis Lewis, wedi mynd o Lanfyrnach yn fachgen rhyw ddeuddeg mlwydd ôd i weitho yn y pwll glo ond daeth e getre i garu yn Hermon, priodi Mam-gu a bant â nhw 'nôl i'r Rhondda. Ganed Mam yn 1912, yr unig blentyn, ond gan bod gyda hi rhyw ddeg o *cousins* wnaeth hi byth deimlo'n unig, medde hi wrtha i droeon. Wedd hi wastad yn ffaelu credu sut wedd Anti

Maggie, mam y *cousins*, yn dod i ben â'u bwydo nhw i gyd. Mae'n debyg bod padell o bwdin reis byth a beunydd ar y ford. Bedyddiwyd Mam mewn ffrog fedydd anhygoel o bert, sy'n dal yn y teulu hyd heddi. Gan 'i bod hi mor hen dwi'n 'i chadw mewn papur tisw i'w harbed rhag torri'n ddarne. Rywffordd neu gili, ches i mo 'medyddio ynddi – am fod Mam-gu mor sâl ar y pryd a Mam ddim yn teimlo'n awyddus i neud ffŷs, dwi'n meddwl. A chafodd Jo fy mrawd mo'i fedyddio ynddi chwaith am iddo fe dyfu'n rhy fowr erbyn diwrnod 'i fedyddio! Ond mi gafodd Sara, fy merch i, a Beca, merch Jo, a Soffia a Gabriel, plant Sara. Wedd Rhodri, fy mab, yr un peth â Jo, wedi tyfu'n rhy fowr i fynd miwn iddi. Ma'r llunie i gyd gyda fi'n saff. Gobeitho wir fydd hi'n dala i Soffia a Gabriel fedyddio'u plant bach nhw ynddi hefyd.

Wedd dwy gangen i deulu fy nhad-cu, Lewis Lewis; tra aeth e a'i frawd Job i weitho yn y pylle glo, lwyddodd brawd arall, Wncwl Phil, rywsut neu gili, i fynd i fyd busnes. Fe wnaeth 'i ffortiwn yn prynu coedwigoedd sha'r de adeg y rhyfel a gwerthu'r pren i neud *pit props* o dan ddaear. Brynodd e dŷ crand yn Ferryside – Royston Court. Dwi'n cofio mynd 'da Mam a Dad i weld Anti Doreen, merch Wncwl Phil, a'i theulu pan wên nhw'n byw yno. Flynydde'n ddiweddarach, a Rhodri a Sara yn tyfu lan, wên ni'n mynd mas i'r Algarve am wylie lle wedd mab Wncwl Phil, Harold John, yn byw. Etifeddodd e ddawn 'i dad ym myd busnes ac fe wnaeth 'i ffortiwn yn Wall Street yn Efrog Newydd. Wên nhw'n deulu nath fyw yn hen iawn ac, yn 'i wythdege ac yn widw, symudodd Harold John i fyw i westy yn Jersey, lle cwrddodd e â menyw yn 'i saithdege cynnar. Fe fu farw'n weddol fuan ar ôl 'ny a diflannodd y ffortiwn – ond gobeitho fod Harold John wedi marw'n hapus a bod 'i wraig ddiweddara wedi mwynhau gwario'r arian!

Wedd 'da Dad-cu chwaer hefyd, Anti Phoebe, ac fe aeth hithe hefyd lan i'r Rhondda. Bydwraig wedd Anti Phoebe ac, yn ôl Mam, hi ddaeth â'r rhan fwya o blant Clydach Vale i'r byd. Gwrddes i rioed ag Anti Phoebe ond pan wedd Sara'n ferch fach a minne'n gweitho ar y pryd, aeth Mam a Dad â hi am drip i'r Rhondda a chwrddodd hi ag Anti Phoebe. Rhyfedd o beth fod Sara wedi cwrdd â hi, a finne rioed wedi cael y cyfle. Mae'n rhy hwyr nawr.

Yn ôl Mam, wedd Lewis Lewis, 'i thad, yn gwbod 'i Feibl o'r dechre i'r diwedd. Amal i dro fydde hi'n 'i weld â sigarét ar 'i wefuse yn darllen y Beibl yn y gegin a'r llwch yn dishgyn ar y tudalenne.

Cafodd Mam 'i geni cyn 'i hamser; tase hi wedi cael 'i geni heddi mi fyse hi naill yn actores – wedd hi'n *mimic* penigamp – neu yn gomedienne, gan 'i bod hi wrth 'i bodd yn neud i bobol chwerthin. Trît Mam ar fore Sadwrn fydde mynd i'r sinema i weld un o ffilmie Charlie Chaplin. Fydde Dad-cu ddim yn fodlon ar hyn o gwbwl – mae'n siŵr fyse fe lot hapusach tase hi'n dysgu adnod ar gyfer bore Sul yn Soar, lle wedd e'n ddiacon. Ond fydde Mam a'r plant erill yn dwlu ar y sinema ac yn tyfu lan ynghanol bwrlwm cymdeithas fishi a digon o bethe gwahanol i'w gwneud yn y Rhondda adeg 'ny.

Pan wên i'n ferch fach yn Crymych dyma Mam yn gweud, 'Fydda i'n mynd â ti lan i'r Rhondda rhyw ddiwrnod'. I blentyn bach wedd e'n swno fel rhyw blaned arall. Ges i shwt sioc pan es i 'na i weld y rhesi tai 'ma, un ar ben y llall. Wên i'n meddwl fod pawb yn byw yn y wlad, fel Shir Benfro. Wedd y tipie glo yn dal yna bryd 'ny ond dwi'n cofio Mam yn gweud fod Dad-cu'n proffwydo, 'Rhyw ddydd, Loli, fydd 'na wiwer yn gallu neido 'to o frigyn i frigyn, a fydd y Rhondda 'nôl yn wyrdd'. Mae 'i eirie fe wedi dod yn wir. Wedd Dad-cu yn dipyn o broffwyd achos wedodd Mam wrtha i hefyd, pan wên i'n ferch fach, 'i fod e wedi gweud y bydde pobol yn siarad ar y ffôn ac yn gweld 'i gili tra bod nhw'n siarad. Wedodd e hefyd, mae'n debyg, y bydde 'na ddynion yn cerdded ar y lleuad rhyw ddydd. Ac fe wedodd e hyn i gyd pan wedd Mam yn ferch fach. Dyna i chi broffwyd!

TEULU DAD

Ganed Dad, John Edward Jones – Johnnie wedd pawb yn 'i alw fe – yn Blaen-ffos, Shir Benfro. Oni bai am fy nghyfnither ar ochor Dad, Ivonne Evans, sy'n byw yn Efail-wen, fyddwn i ddim yn siŵr iawn o ble wedd Hen Dat-cu wedi dod. Mae Ivonne yn fishi iawn yn creu hanes y teulu; mae ishe amynedd mowr i neud rhywbeth fel'na. Fydden i ddim yn siŵr lle i ddechre – dwi'n meddwl fod rhaid mynd rownd sawl carreg fedd, a gan fod hynna'n neud i fi deimlo'n ddiflas iawn, fydda i ddim am drio cystadlu ag Ivonne.

Am ryw reswm, fyddylies i taw o Dregaron ddaeth Edward Jones yn wreiddiol ond wir, wedd e chydig bach fwy i'r gogledd na 'ny: o Gaersws, mae'n debyg. Daeth Edward Jones lawr o Gaersws i weitho ar adeiladu'r lein fach rhwng Aberteifi a Crymych – y Cardi Bach. Dyna'r agosaf aeth gwreiddie'r teulu i'r gogledd nes i fi briodi Euryn! Ar 'i ffordd lawr, gwrddodd e â Magdalen, wedd yn byw rhwng Tregaron a Llanbed a fe briodon nhw. Ganed Data, fy nhad-cu – Dafi Jones – yn Crymych. Briododd e â Catherine, Mam-gu, a ganed Dad yn 1910. Wên nhw'n byw mewn bwthyn o'r enw Ffynnon-fraith ar y ffordd rhwng Crymych a Blaen-ffos.

Ganed chwaer i Dad, Jane, ac wedyn Albert, 'i frawd. Fe ges i glywed pob math o storis dros y blynydde am blentyndod Dad yn Crymych – dim ffôns, dim lectric, dim teledu, dim *computers*, bach iawn o geir ar yr hewlydd, a'r rheini mewn cyflwr gwael iawn. Sawl gwaith wedd Dad a'i ffrindie, pan wên nhw'n blant, yn menthyg milgi a mynd i hela cwningod ar y Frenni Fowr. Mynd â nhw i Crymych wedyn a'u gwerthu – y cwningod, nid y milgi – am rhyw ddwy geinog, arian da y dyddie 'ny. Unwaith nethon nhw fynd i hela ar ddydd Sul yn lle mynd i'r ysgol Sul yn Antioch a chafodd Dad flas y wialen fach dene gyda Mam-gu – hi wedd yn cadw trefen ar bethe yn y cartref achos un addfwyn iawn wedd Data a byth yn rhoi stŵr. Ond gyda chyn lleied o arian i brynu pethe, fe fydde Mam-gu yn gliper am neud *rabbit pie*. Dries i gael y rysêt wrth Dad sawl gwaith, ond wedd e'n ffaelu cofio.

Bydde coets a cheffyl y *gentry* yn paso'r tŷ'n amal iawn ar y ffordd i'r stesion yn Crymych. Wedd 'na gyfoeth mowr gyda'r *gentry* a dim llawer o arian gyda Mam-gu a Data, ond digon o fwyd ar y ford a digon o sbort yn y gymdeithas glòs yn y pentre. Mi fydde Mam-gu'n cadw mochyn a cwpwl o ffowls a Data'n neud yn siŵr fod yr ardd yn llawn tato a llysie. Diwrnod mowr wedd diwrnod lladd mochyn, yn ôl Dad; y menywod yn dod i neud ffagots a'r hams yn cael 'u hongian yn y gegin yn Ffynnon-fraith ar gyfer y gaeaf. Pan wên i'n tyfu lan yn Crymych, mi weles i'r hams yn hongian yng nghetre Anti Eirwen, y Lan, ond mwy am hynna nes mlân.

Wedd llais canu da gyda Dad ac Anti Jane a fuon nhw'n cystadlu mewn eisteddfode fel deuawd a gyda côr Oliver Sandbrook yn Crymych. Fydde dim ceir yn y pentre i fynd â nhw i'r steddfode ond yn hytrach hen lorri a phawb yn gweddïo y bydde'r lorri'n cyrradd heb gael pyncsiar.

Ar ôl bod yn yr ysgol yn Blaen-ffos, diolch i'r prifathro medde Dad, mi basodd e'r arholiad i fynd i Ysgol Ramadeg Aberteifi, yr un ysgol yr es i iddi flynydde'n ddiweddarach. Y prifathro yn y dyddie 'ny wedd Dr Rees. Dwi'n cofio Dad yn gweud droeon, 'Chi blant heddi ddim yn gwbod 'ych geni; pan es i i'r ysgol i Aberteifi wên i'n gorfod codi am chwech bob bore, cerdded i Grymych i ddala'r Cardi Bach am saith, ac wên i byth getre yn y tŷ llawer cyn whech y nos.' Mae'n amlwg y bydden nhw'n cyrradd Aberteifi llawer rhy gynnar i'r ysgol ac, fel pob bachgen, fydde fe a'i fêts yn mynd i edrych ar y llonge mowr wedd yn dod o bob cwr o'r byd i Aberteifi y dyddie 'ny. Ambell waith fydden nhw'n anghofio'r amser ac yn dechre siarad â'r llongwyr neu'r captenied ac wedyn yn cael stŵr pan fydden nhw'n hwyr i'r ysgol. Ar ôl ysgol dylsen nhw fod wedi aros miwn i neud gwaith catre cyn mynd lawr i'r stesion i ddala'r Cardi bach 'nôl i Crymych. Ond fydde 'ny ddim yn digwydd bob tro achos bydde'r llonge'n denu bechgyn bach y wlad.

Mi weithodd Data a Mam-gu yn galed i godi tri o blant ar arian bach. Yn anffodus, er bod Dad â digon yn 'i ben, wedd

15

dim digon o arian 'da nhw i adel iddo aros mlân yn yr ysgol, a gafodd e swydd gyda'r Mercantile yn Aberteifi – a dyna fe reit wrth ymyl y llonge wedyn. Fu rhaid iddo ishte arholiad itha anodd i gael prentisieth yn y Mercantile ond mi basiodd e a helpodd hyn Mam-gu a Data. Gyda Dad yn ennill, daeth pethe'n rhwyddach iddyn nhw, er bod Anti Jane ac Wncwl Albert yn dal yn blant getre.

Flynydde'n ddiweddarach, pan wên i'n sylwi ar lawysgrifen Dad, wên i wastad yn meddwl 'i fod e mor glir a steilish, a gweld hi'n biti na fyse fe wedi gallu aros mlân yn yr ysgol. Wedd e'n gliper am gyfri'n glou, a phan wên i'n stryffaglu gyda syms yn yr ysgol, bydde Dad druan yn neud 'i ore i'n helpu, ond yn ffaelu'n deg â 'nghael i i gyfri mor glou ag e. Ges i ddim ishte Arithmetic yn Lefel O o gwbwl. Medde Mr Moore, yr athro, wrtha i, 'I wouldn't bother if I were you'. Os gweud, gweud, a gymeres i'r dyn ar 'i air!

Ond sôn am Dad wên i. Wedd dim cinio ysgol y dyddie 'ny a fydde Mam-gu yn rhoi ceinog y dydd i Dad; fydde fe a'i ffrindie'n mynd lawr i'r dre i gael cwpaned o goco amser cino. Tra wedd ddim llawer o arian gyda Mam-gu a Data, fuon nhw'n lwcus iawn fod brawd 'da Data, John Jones – neu John Dent fel wedd e'n cael 'i alw yn y siop – yn *buyer* gyda David Evans yn Abertawe. Wedd dim plant 'da Wncwl John ac Anti Lena ac wedd wastad dillad newi yn cyrradd i Dad, Anti Jane ac Wncwl Albert. Bydde Dad yn sôn am sawl trip lan i weld 'i Wncwl a'i Anti yn Castell-nedd, a'r trip yn hala diwrnod cyfan ar y trên.

Ond wedd digon o sbort i gael yn tyfu lan yn Crymych yr amser 'ny. Un tro ar drip ysgol Sul i Tenby mewn *charabanc* fuodd rhaid i bob un ddod mas ar waelod pob rhiw a jwmpo 'nôl wedyn ar ôl cyrradd y top. Ma 'na sawl rhiw ar y chwe milltir ar hugen rhwng Crymych a Tenby. Pan dwi'n edrych ar bobol yn rhedeg ras marathon, nawr – ac ma Rhodri wedi rhedeg tair ohonyn nhw – mi fydda i'n meddwl y byse rhedwyr heddi wedi cyrradd o Crymych i Tenby lot yn gynt na'r siarabáng!

Nawr, rhaid i mi adel i chi wbod sut daeth rhoces o'r Rhondda i gwrdd â bachan o Grymych. Dyma shwd digwyddodd e. Bydde Mam yn dod lawr i Hermon o Shir Forgannwg ar 'i gwylie bob blwyddyn ers wedd hi'n blentyn, i aros gyda Anti Hannah yn Bryn Villa. Wedd hi'n cadw siop yn Hermon. Tipyn o rebel wedd Mam a bydde hi'n cael 'i bygwth i fynd 'nôl ar y trên cynta o'r Glôg i Clydach Vale os na fyse hi'n bihafio.

Nath hi adrodd stori'r gaseg i fi sawl gwaith. Bydde Wncwl Tommy, gŵr Anti Hannah, yn dueddol o sbwylo Mam a gadel iddi gael 'i ffordd 'i hunan. Nethon nhw fynd lan i Crymych gyda'i gili rhyw ddiwrnod ar ben y gaseg i nôl negeseuon ond ar y ffordd getre begianodd Mam ar Wncwl Tommy i adel iddi fynd ar gefen y gaseg ar 'i phen 'i hun 'nôl i Hermon. Ar ôl tipyn o ddadle, gas Mam 'i ffordd – fel we'n digwydd bob amser bron. Rhoddodd Wncwl Tommy hi ar ben y gaseg a rhoi clatsien i ben-ôl y ceffyl a bant â Mam a'r gaseg yr holl ffordd o gapel Antioch yn top Crymych lawr i Bryn Villa yn Hermon, heb stop. Fuodd Mam yn dost am sawl diwrnod. Sai'n credu aeth hi 'nôl ar ben ceffyl wedi 'ny.

Bydde hi'n dipyn o *novelty* i Mam gael dod i'r wlad. Dwi'n credu fod Dad wedi clywed fod 'na ferch fach bert iawn yn dod ar 'i *holidays* i Hermon o'r Rhondda. Wedd gyda Gron y Bwtsiwr yn Crymych fotor-beic a bydde Dad yn cael mencyd hwn i fynd lawr i Hermon i garu; Mam yn bymtheg, a Dad ddwy flynedd yn hŷn.

Ar ôl bwrw prentisieth yn y Mercantile yn Aberteifi gafodd Dad job ym mhrif swyddfa Meggit & Jones yn y Docie yng Nghaerdydd. Wedd Caerdydd yn agos i'r Rhondda a'r trên yn golygu bod Dad a Mam yn gallu gweld 'i gili yn amal. Fe benderfynon nhw briodi a phrynu tŷ yn Pum Erw Road yn Birchgrove a dod yn bobol y ddinas, a mynd o gwmpas y ddinas fishi ar feics a trams.

Briododd Mam a Dad yn 1936, yr un flwyddyn â ffilmo *Gone with the Wind*, fel bydde Mam wastad yn 'yn atgoffa i.

Wedd hi'n dipyn o *film buff* ers y boreau Sadwrn 'na yn y Rhondda yn gweld ffilmie Charlie Chaplin. Yng Nghapel Minny Street, Caerdydd, briodon nhw a buon nhw'n aelode selog yno tra wên nhw'n byw yng Nghaerdydd, cyn symud i Landybïe yn 1942. Y dyddie 'ny fydde'r aelode'n dod o bob rhan o'r brifddinas a fydde teithio 'nôl getre rhwng cwrdde yn anodd gan fod bron neb â char 'i hunan. Bydden nhw'n aros yn y festri rhwng cwrdd prynhawn a chwrdd nos i gymdeithasu gyda'i gili dros ddisgled o de a llunieth ysgafn.

Y BORE BACH

Symudodd Mam a Dad o Gaerdydd pan gath Dad job yn rhedeg y *sawmills* yn Llandybïe adeg y rhyfel. Doedd dim sôn am fabi o gwbwl am wyth mlynedd nes i fi gyrradd ganol nos yn Station Road, Llandybïe, ar y chweched o Fedi 1944. Rhedodd Mam mas o'r hospital yng Nghaerfyrddin cyn i fi gyrradd, a 'nôl getre i Station Road! Ges i dipyn o drafferth dod i'r byd, a trafferth dwi wedi bod ers 'ny, medden nhw; oni bai am Dr Myrddin Evans fydde dim stori 'da fi i'w gweud wrthoch chi nawr.

Gan fod Mam wedi gweld yr actores Jennifer Jones mewn rhyw ffilm, dyna'r enw ges i: Jennifer ar ôl yr actores, Lewis ar ôl fy nhad-cu a Jones ar ôl Dad. 'Jen' wên i i bawb, ond os bydde Mam yn grac – a galle 'ny fod yn eitha amal, achos wên i'n ferch fach itha drwg – wastad 'Jennifer'!

Wên i rhyw ddwy ôd ac yn dal i fyw yn Llandybïe pan glywodd Dad fod busnes John Edwards, *Builders and Timber Merchants*, ar werth yn Crymych. Bydde Data'n rhannu sawl peint gyda'r hen ŵr John Edwards ac yn ffrindie mowr ag e. Gan fod y ddou gymeriad yn ddynion byr iawn fydde dou beint yn ddigon iddyn nhw deimlo fod y byd yn lle braf. Prynodd Dad y busnes – a chadw'r un enw hyd yn ôd, gan fod John Edward a John Edwards yn ddigon agos at 'i gili.

Y dyddie 'ny wedd dim llawer o dai ar werth yn Crymych felly bant â ni – Mam, Dad, fi a Dat-cu y Rhondda – i fyw gyda Miss Ifans – Didans wên i'n 'i galw – mewn *rooms* yn Rhydwenfach. Nawr, wedd Miss Ifans yn fenyw weddol *eccentric*. Dyna lle wedd hi lan ar sgwâr Crymych rhyw ddiwrnod, tu fas i'r Market Hall, yn plygu lawr. Gofynnodd rhywun iddi, 'Miss Ifans, 'ych chi wedi colli rhywbeth?' 'Nadw. Whilo am dair ceinog wdw i.' Mae'n debyg bod hi'n itha *well-off*. Dwi'n cofio joio byta bara menyn a *golden syrup* Miss Ifans, a Mam yn poeni'n ofnadw gan ma'r un gyllell fydde'n rhoi'r *syrup* ar y bara ag wedd Miss Ifans yn iwso i tsheco pen-ôl yr iâr i weld a we'r wye'n dod lawr!

Y dyddie 'ny pethe dierth mas draw wedd *flush toilets* a lectric yn Crymych. Wên ni'n mynd i'r gwely â gole cannwyll, ond wên i ofon y tywyllwch – ac yn dal i neud heddi; er bod Euryn 'da fi yn y gwely, dwi wastad yn gadel gole'r landing mlân. Bydde Mam yn chwythu'r gannwyll mas a bydden i'n mynd i gysgu ar unwaith rhag ofon bwci-bôs.

Fuon ni 'da Miss Ifans rhyw ddeunaw mis, hyd nes i Mam fynd lan rhyw ddiwrnod a ffeindo seilie hen dŷ drws nesa i'r busnes. Am 'i bod hi'n fenyw gryf, dechreuodd Mam glirio'r rwbel bant 'i hunan ac o'r diwedd adeiladwyd Dol-coed. Wnes i golli Miss Ifans a'r ddwy iâr yn fowr, ond ro'n i'n itha balch fod catre'n hunen 'da ni. Wedd dim gardd yn Dol-coed, heblaw am batshyn bach o borfa grôs yr hewl, ond wedd digon o blant i whare gyda nhw nawr bod ni'n byw yng nghanol y pentre.

GENI 'MRAWD JONATHAN

Daeth David Jonathan Lewis Jones – Jo fel dw i a phawb arall yn 'i alw – i'r byd 'ma ar 13 Awst 1948. Wên i'n beder ôd a dwi'n cofio Lois, Sister Cornock, yn 'i gario fe lawr i'r teulu gael 'i weld. Gath Dad a fi shwt ofon gweld 'i ben e fel siâp ŵy. 'Ma popeth yn normal,' medde Sister Cornock, ac yn glou iawn daeth 'i ben i siâp ac i edrych yn itha normal. Briododd Nyrs Cornock mas o law â Dai John Lewis, fu'n gweitho yn y busnes gyda Dad, a wir, ges i'r fraint o fod yn *flower girl* yn 'u priodas nhw. Dyna i chi beth mowr i ferch fach. Ges i rhacs yn 'y ngwallt y nosweth cynt er mwyn i fi 'i gael e'n barod i roi blode pert ynddo fe ar y diwrnod mowr. Dwi'n gweld y ffrog nawr, un fer, sidan glas yn matsio'r blode pert yn fy ngwallt. Ffaelodd Mam ddod i'r briodas achos wedd Jo yn fabi, a ges i'r sylw i gyd. Wedd Dai a Lois y bobol addfwyna yn y byd. Gadawodd Lois ni chydig o flynydde 'nôl ond ma Dai yn dal i fyw yn Crymych ac mae'i fab, Geraint, yn athro yn Ysgol Gyfun y Bont-faen a'i ferch, Anne, yn byw yn Llunden.

Ond yn ôl at fy mrawd bach. Nawr, wên i wedi cael y sylw i gyd am beder blyne ac yn sydyn 'ma Jo'n cyrradd. Dwi'n cofio mynd miwn i'r *bedroom* a Mam yn 'i fwydo – llaeth y fron gath Jo a finne – a gofyn, 'Wyt ti'n ffido hwnna 'to?'

Babi bach itha delicet wedd Jo ac yn cael bronchitis drwy'r amser. Heddi dyw Jo byth yn sâl a fi sy'n cael y bronchitis! Dyna'r dyddie cyn *antibiotics* a'r cyfan dwi'n cofio yw cefen Mam, a siôl fowr rownd iddi hi, yn magu Jo. Wnes i gadw'r siôl, a ffeindies i hi pan symudon ni y llynedd, a'i rhoi i Jo. Bydde Mam yn canu wrth fagu: 'Nonins a Hen Winwnsyn'. Ma pob un o fabis y teulu'n gwbod beth yw 'Nonins a Hen Winwnsyn': Rhodri, Sara, Beca merch Jo, a nawr Soffia fach a Gabriel Jac, plant Sara. Alla i ddim egluro mewn llyfr, fydd yn rhaid i fi ganu fe i chi. Ond wrth ganu'r caneuon ma babis yn siŵr o fynd i gysgu. Ma 'Hen Winwnsyn' yn enwi pob un o'r llysie yn cawl Mam, ac wedd hi'n neud cawl ffein iawn.

Chi'n gwrando nawr? Fel hyn ma'r gân yn mynd, 'Hen winwnsyn gore Mami, hen garotsen gore Mam, hen gabetsien, hen winwnsyn, hen garotsen gore Mam'. Dwi'n 'i chlywed hi'n canu nawr gyda llais cyfoethog, contralto weden i. Mi ddyle Jo a fi fod â lleisie da ar ôl Mam a Dad, ac yn sicr dyle Rhodri a Sara, ar ôl Nain, mam Euryn – Lil Evans Williams, a enillodd yr unawd contralto yn Eisteddfod Genedlaethol Caergybi yn 1927 a Lloyd George yn cyflwyno'r fedal iddi. Er taw fel adroddwr fydde pobol yn nabod Taid, Alun Ogwen, fe fydde fe weithie'n canu deuawde gyda Nain yn 'i lais tenor hyfryd. Buon nhw'n trafaelu rownd Cymru yn rhoi cyngherdde fel Parti Penmachno gyda Richie Thomas, Ifan a Maggie Roberts, ac erill. Ddethon nhw i Crymych yn 1950 i gynnal cyngerdd yn y Market Hall ac aeth Dad a Mam i'r cyngerdd a chwrdd â nhw. Rhyfedd o fyd; ychydig feddylion nhw bryd 'ny y bydden i, Jennifer, yn priodi 'u mab nhw yn 1966.

TYFU LAN YN CRYMYCH

Os wedd 'na un lle yn y byd i fod yn blentyn, Crymych wedd hwnnw. Ar odre'r Frenni Fowr, a'r môr ond rhyw ddeg milltir bant yn Tydrath. 'Tydrath' dwi'n weud, ddim Trefdraeth; gobeitho bo dim ots 'da chi.

Dechreues i'r ysgol yn beder ôd, a dwi'n cofio'r diwrnod cynta. Decima Jones, Central Garage, yn mynd â fi achos bod Jo yn fabi ac yn cadw Mam yn fishi. Wên i ddim isie mynd o gwbwl a phan weles i'r *railings* gwyn obiti'r parc cyn mynd miwn i'r ysgol fach mi gydies i'n dynn ynddyn nhw a gwrthod mynd miwn o gwbwl. Es i o'r diwedd a neud ffrindie gyda Bethan Morris, Llinos George, Helen Evans, Janet George, Marian Thomas, Buddug Rees, Rhian James, Margaret Sandbrook, Gracie Owen a Beth Thomas. Wedd class Miss Williams fel dosbarth derbyn heddi. Nawr, hen ferch wedd Miss Williams, yn byw gyda'i brawd Johnnie yn agos i Eglwyswrw. Mae'n rhaid 'i bod hi'n hen iawn achos buodd Miss Williams yn dysgu Dad yn ysgol Blaen-ffos! Wên i ddim yn un dda am wrando yn y dosbarth; Helen Evans a finne'n ishte yn yr un ddesg a bobo slaten a rhacsyn i gael y sialc bant – siarad wên ni drwy'r amser ac, yn fynych iawn, wedd Miss yn clwmu Helen a fi'n sownd i'r ddesg gyda rhaff sgipio. Fe ddes yn gyfarwydd iawn â'r gornel, ac ro'n i'n gorfod sefyll 'na sawl gwaith wedi i bob un arall fynd getre a finne'r ola i fynd. Bryd 'ny wên i'n torri 'nghalon.

Nawr, wedd 'na ddim toilets *flush* yn yr ysgol. Dwi'n cofio Jo yn gweud wrtha i ond yn ddiweddar gwmint o ofon fydde arno fe i fynd i'r toilet yn yr ysgol rhag ofon y bydde fe'n cwmpo lawr i'r twll mowr du odano. Nath sbectol un o'r bechgyn gwmpo lawr unwaith a fu rhaid i Mishtir fynd miwn ar

22

'u hôl nhw. Wedd Mishtir yn dipyn o arwr 'da ni i gyd; W.D. Williams i bawb arall, ond Mishtir i ni'r plant. Creodd Mishtir *allotment* yn yr ysgol a'r bechgyn hyna'n cael tyfu pob math o lysie. O'ch chi'n aros yn yr ysgol fach tan yn un ar bymtheg y dyddie 'ny os nag o'ch chi'n paso'r *11 plus*, felly fydde digon o helpers dag e i gadw'r *allotment* i fynd.

Dyna lle ddysges i am fesur glaw am y tro cynta, gan fod y merched yn cael gweitho tipyn ar yr *allotment* hefyd. Pwy fydde'n meddwl y bysen i'n cyflwyno'r tywydd rhyw ddydd? Mishtir sy gyda fi i ddiolch iddo am 'ny, dwi'n siŵr, er na fyse fe byth yn credu'r peth. Dim ond unwaith ges i'r gansen, neu rwler ar draws y llaw os dwi'n cofio'n iawn – a hwnnw'n pinsio hefyd.

Wên i'n dipyn o domboi yn yr ysgol a wastad yn cwmpo yn yr iard a sgathru mhenglinie. Ma Soffia yn neud gwmws 'run peth yn Ysgol Pen-cae, wastad yn dod getre â chwt ar 'i phenglinie. Dyna pryd daeth Mishtir mas â'r *iodine* i wella'r clwyf; wedd e'n llosgi fel galla i ddim disgrifio a dwi'n casáu gweld *iodine* hyd at heddi.

Gafodd Mishtir ac Anti Fflori ddou o blant, Iona a John. Nawr wedd John yn dal fy sylw'n sobor pan wên i rhyw dair ar ddeg, a chyn 'ny, a finne'n gobeitho bod gydag e lygad arna i'r un peth. Ond dod i'r tŷ i weld y gêm rygbi ar y teledu fydde John, ac yn treulio prynhawn cyfan yn trin a thrafod y gêm gyda Dad. Fydden i reit genfigennus o Dad yn cael cwmni John am brynhawn cyfan a fi'n cael dim sylw. Rhyw garu o bell wedd e. Ma John, Caroline a'r teulu yn dal i fyw yn Crymych ac ma nhw wedi magu tri o feibion enwog a thalentog iawn – Iwan John yr actor comedi, Rhys D y cyfarwyddwr ac wrth gwrs Siôn o'r grŵp Dom.

Yn ogystal â Mishtir a Miss Williams wedd 'na athrawes arall yn ysgol Crymych, Miss Owen – Eirlys Peris Owen, merch i Ben Owen y pregethwr. Wên i wastad yn meddwl fod 'da hi wallt perffeth, yn ddu ac yn llawn *waves*. Hi ddysgodd i fi neud *cross stitch*. Bob tro dwi'n codi hem, a finne ddim gwerth am winio, dwi'n cofio'r *cross stitch*. Briododd Miss Owen gyda Geraint Davies ac, yn ddiweddarach yn fy mywyd, mi ddes i i nabod y teulu.

'Nôl â ni i Grymych fy mhlentyndod. Wedd Jim East House, ar y sgwâr yn Crymych, yn berchen Nansi'r ceffyl gwyn a Pinza'r donci ac wên nhw'n pori yn y parc goddereb â busnes Dad. Wel wrth gwrs, wên ni'r plant wrth 'yn bodd. Nansi wedd y ceffyl dof ac yn fodlon i ni gyd gael reid ar 'i gefen obiti'r parc. Wedd Pinza yn hollol wahanol, a dyna lle wên ni'r plant, gan gynnwys Buddug, yn ishte ar gefen Pinza tan bod un o'r plant erill yn rhoi clowten ar 'i chefen hi a wedd hi'n codi'i choese ôl a'n towlu ni i ganol y dinad. Whilo am ddail tafol wedyn i wella'r pige. Wedd e fel rodeo. A pan es i draw i Colorado flynydde'n ddiweddarach nes i sylweddoli bod ni o flan 'yn hamser yn Crymych!

Wedd 'na fenyw o'r enw Mrs Bayliss yn byw yn Rhydwenfach ac yn dysgu *ballet*. Jest y peth i fi, a Mam wrth 'i bodd mod i'n dangos diddordeb. A wir, wên i wrth fy modd hefyd yn cael gwersi. Fues i'n mynd hefyd i gael gwersi yn Pentre, rhyw ysgol breswyl ar bwys Boncath. Dechreues i weld fy hunan fel Alicia Markova neu Margot Fonteyn a fydden i'n breuddwyddio am y *spotlight* ar y llwyfan yn y Market Hall a pawb yn cymeradwyo a gweiddi 'Encore'! Dwi'n cofio cael fy *ballet shoes* cynta yn Abertawe, rhai bach satin pinc. Ond, yn anffodus, es i'n rhy dew i fod yn *ballet dancer*.

MYND I'R *CONVENT*

Wedd gyda Mam ffrind yn byw yn Llys Meddyg yn Tydrath, Joyce Joy a'i gŵr, Captain Joy, yn cadw busnes garddo gyda'r gerddi blode mwyaf bendigedig yn grôs yr hewl fowr i'r tŷ wrth bo chi'n dod miwn i Tydrath. Heddi ma fe'n dŷ bwyta moethus. Wedd merch o'r enw Jane 'da nhw, yr un ôd â fi. Am ryw reswm aeth Jane i'r *convent* yn Abergweun i'r ysgol ac achos bo fi'n ffrindie ac yn mynd i aros gyda hi feddylies inne fydde hynna'n syniad da. Saith ôd wên i ar y pryd. Bant â fi fel *boarder* wthnosol gyda Jane a gadel Mam, Dad, a Jo a'n holl ffrindie yn Crymych. 'Nes i dorri 'nghalon. Oni bai fod Sister Barbara mor annwyl yn gadel i fi chware gyda'r dolie yn lle mynd i'r gwersi dwi ddim yn gwbod beth fydden i wedi neud. Wedd y *nuns* yn *strict* iawn. Cofiwch, mi ddysges rhyw fath o *routine*. Drwy ffenest y *dormitory* fydden i'n gweld y porthladd ac yn edrych mas ar y llonge'n mynd i Iwerddon bob nos. Mynd getre wedyn bob penwthnos a llefen wrth fynd 'nôl bob bore dydd Llun. Dwi'n dal i deimlo'n dost wrth fynd lawr y rhiw 'na i Abergweun hyd at heddi. Ma'r *convent* yn getre i'r henoed erbyn hyn ond bob tro dwi'n mynd heibo dwi'n edrych 'nôl o Wdig ar ffenest y stafell lle wên i'n cysgu. Wrth gwrs, bydde rhaid i ni fynd i *Mass* bob bore a dwi'n dal i arogli'r *incense*. Fasen i wedi peido teimlo mor drist yna falle bydden ni wedi bod yn Gatholic da rhyw ddydd; pwy sy'n gwbod? Nath e ddim apelio ata i'n saith ôd ta beth.

A 'nôl i ysgol Crymych ddes i, er i mi fynd i ysgol arall yn Aberteifi ar y ffordd; wedd Miss Sara Owen yn rhedeg ysgol breifat yn Aberteifi a Mam yn meddwl bydden i'n hapus os na fydden i'n gorfod aros bant o getre. Ond wnes i ddim para'n hir fan'na chwaith; 'nôl at Mishtir wên i isie mynd, a dyna lle wên i hapusa. Bydden nhw'n cwcan bwyd ysgol y dyddie 'ny yn union fel 'ych chi'n neud getre. Mrs Maggie Jenkins a Mrs Ifans wedd y ddwy gwc, ac yn neud bwyd arbennig o dda. Ambell ddiwrnod fydde 'na *mock cream* pinc i bwdin, a phob un ohonon ni'n ymladd i luo'r llwy. Y plentyn fydde wedi bod yn dda iawn yn ystod gwersi'r bore fydde'n cael y llwy. Wnes i ddim cael y llwy yn amal iawn.

Mynd i'r ysgol i mi wedd canu yng nghôr yr ysgol, cystadlu yn yr Eisteddfode a dysgu cymaint â we raid er mwyn paso'r *eleven plus*. Mae'n syndod mod i cystal, a gweud y gwir. Wên i ddim yn lico gwaith ysgol. Beth fydden i'n lico fydde mynd i'r sinema deithiol fyse'n dod i'r pentre o bryd i'w gili, a gweld y ffilmie o Hollywood. Dim seti cysurus – ffwrwme pren wedd yn y Market Hall – ond pa ots? Wên i'n gallu gweld cewri'r byd ffilm ar y sgrîn. Un ffilm-star yn arbennig nath ddal fy sylw odd Debbie Reynolds, gyda gwallt pert strêt a'i thrwyn yn troi lan. Wedd 'y ngwallt i yn gyrliog a 'nhrwyn fel un Dad – Rhufeinig, medde fe. Bues i am wthnose yn rhoi Vitapointe (*gel* fysech chi'n 'i alw fe heddi) ar y gwallt i dreial cael e fel Debbie Reynolds a cysgu â Sellotape rownd 'y nhrwyn i dreial cael e i droi am lan. Ofer treial, ac arhosodd y gwallt yn gyrliog a'r trwyn fel Rhufeiniwr. Wedyn ddaeth Esther Williams, ac ar ôl 'i gweld hi mewn ffilm 'nes i fynd ar unwaith lawr i Tydrath i ddysgu nofio yn y môr. Wên i'n meddwl bod e'n beth *glamorous* iawn i fod fel Esther Williams.

Dwi'n credu taw am mod i'n berson itha rhamantus y meddylies i unwaith y bydden i'n newid i fod yn Fedyddwraig yn lle Annibynwraig. Wedd y rhan fwya o'n ffrindie i'n mynd i Seion, Capel y Bedyddwyr, tra wên i, Buddug a Marian Thomas, Penrallt, yn mynd i Antioch. Fydden ni'r Annibynwyr wedi cael 'yn bedyddio'n fabis, ond bydde fy ffrindie i gyd yn cael 'u bedyddio pan wên nhw wedi tyfu lan, yn rhyw dair ar ddeg ôd. Ac wedd hwn yn achlysur arbennig. Dwi'n cofio cael mynd i Seion i weld ffrindie'n cael 'u bedyddio. Wedd y pwll bedyddio dan y pulpud, a dyna lle wedd fy ffrindie i gyd wedi'u gwisgo mewn gwyn yn mynd i mewn dros 'u penne i'r pwll dan y pulpud. Wên i jyst yn meddwl fod hyn yn eitha dramatig – fel y ffilmie yn Market Hall! A wên nhw i gyd yn siarad ar fws yr ysgol ar fore Llun, ar ôl y bedydd, am shwt wên nhw'n teimlo pan wên nhw'n mynd o dan y dŵr. Wrth gwrs, fydde 'na ddim cweit digon o le iddyn nhw nofio fel Esther Williams, ond wedd 'ny ddim cysur i Annibynwraig fydde byth yn cael gwisgo'r ffrog wen.

Ar un adeg o'r flwyddyn, wên i wrth fy modd yn mynd i'r capel – adeg gweud Pwnc. Os nad 'ych chi'n gwbod beth yw canu Pwnc alla i ddim egluro ichi yn union beth yw e, ond mae'n debyg taw dim ond mewn capeli mewn rhanne o Shir Benfro ma nhw'n gweud Pwnc. Ma'r aelode i gyd yn dod at 'i gili i bracteiso llafarganu ac adrodd rhanne o'r Beibl. Dyma'r adeg ore o'r flwyddyn: y Sulgwyn, a'r gwanwyn yn dechre troi'n haf a phawb yn cael dillad newydd, neu *costume* fel wên ni'n 'i galw. Un flwyddyn, wên i'n ddigon hen i wisgo sane *nylon*, a chal syspender belt i'w cadw nhw lan. Wedd *seams* mewn sane pryd 'ny. Dwi'n cofio'n iawn mynd i weud Pwnc ac edrych dros fy ysgwydd a lawr ar y sane neilon a gweld y *seams* wedi troi reit rownd i'r ochor. Creisis. Diolch i bwy bynnag nath greu *tights*.

EISTEDDFOTA

Ma 'na nifer ohonon ni sy wedi mynd i weitho yn y cyfrynge wedi bwrw'u prentisieth yn cystadlu mewn eisteddfode. Wedd Mishtir yn un mowr am gystadlu ac, wrth gwrs, wedd rhaid dysgu'r darne i gyd yn yr ysgol. Wên i wrth fy modd: yn lle cael gwers syms, cael dysgu'r darne gosod ar gyfer y flwyddyn honno, p'un ai ar gyfer Eisteddfod yr Urdd neu'r *Semi-National* yn Aberteifi.

Y flwyddyn nath côr Mishtir gystadlu yn Eisteddfod Aberteifi, darn Saesneg nethon ni ddysgu: 'I want someone to buy me a pony' neu 'Jig Jog'. Daethon ni getre â'r wobr gynta; wel, am ddathlu – gethon ni ddim gwersi syms am wthnos wedi 'ny!

Llais bach gwan, swynol wedd gyda Jennifer yn ôl pob beirniad pan wên i'n cystadlu dan ddeuddeg – falle braidd yn grynedig, ond doedd 'ny ddim syndod a finne'n lwmp o nyrfs. Y cyfeilydd ymhob eisteddfod fydde Lloyd Phillips a fe wedd yn rhoi gwersi piano i fi. Gefes i lond twll o ofon Lloyd Phillips druan a nifer o weithie yn lle mynd i gael gwers – wedd e'n dod i'r tŷ – fydden i'n jengid mas i un o sièds Dad a cwato neu wisgo lan mewn amwisg wen. O ie, anghofies i weud: wedd Dad yn *undertaker* hefyd – rhan o'r ddêl pan brynodd e fusnes John Edward – a fydde fe'n cadw bocsys o'r pethe gwyn *fluffy* 'ma uwchben yr offis. Wên i'n meddwl bod nhw'r pethe perta weles i rioed. Pan ffeindiodd Dad mas ges i row ofnadw. Rhoddodd Lloyd Phillips lan arna i yn y diwedd a heddi, wrth gwrs, dwi'n difaru; basen i wrth fy modd yn gallu chware'r piano. Falle af i 'nôl i gael gwersi; dyw hi ddim rhy hwyr, odi ddi?

Wedd llais bendigedig 'da fy ffrind Buddug a bydde hi'n ennill ymhob eisteddfod; wedd y ddwy ohonon ni wastad yn yr un grŵp oedran, dan ddeuddeg. Ond wir i chi, un flwyddyn symudodd hi lan i fod dan bymtheg a ddes i i ben ag ennill un cwpan bach yn Steddfod Boncath! Ma'r cwpan yn dal gyda fi yn rhywle ond 'i fod e wedi tarnisho erbyn hyn. Beth bynnag am 'ny, ma fe'n sheino yn fy nghof i fel un foment lachar, fel dwedodd y bardd.

Nawr wedd y côr wedi mynd drwodd o Eisteddfod y Sir i'r Genedlaethol yn Abertridwr. Wedd Mishtir a ni i gyd yn gorfod mynd i aros dros nos, a phob un ohonon ni'n aros mewn gwahanol gartrefi. Wên ni i gyd tua deg ôd, os dwi'n cofio'n iawn. Nath Helen Evans a fi a Llinos George fynd at un teulu, a joio'r antur o fynd i aros o getre heb Mam a Dad. Wedd tei yr Urdd gyda ni i gyd ond, fel mae'n digwydd, gwmpodd tei Helen neu fi miwn i'r pot dan y gwely. Panics llwyr i sychu'r tei ar gyfer y cystadlu y diwrnod wedyn. Er gwaetha hyn i gyd, a'r tei yn dal braidd yn damp, dethon ni'n gynta. Hwrê i Abertridwr!

Teulu Crymych

Nawr mewn pentre bach, fydde pob ffrind i Mam yn 'Anti'. Dim rhaid bod yn perthyn o gwbwl; dyna fel wedd pethe.

Wedd Anti Fflori, gwraig Mishtir, yn gliper am wneud gwin cartre, ac fydde fe'n ddigon da i wella unrhyw glwyf neu glefyd. Mi fydde 'na amrywieth mowr o winoedd: gwin persli, panas, ysgawen neu *elderflower* – a gweud y gwir, unrhyw beth fydde'n tyfu o'r ddaear, fydde Anti Fflori'n 'i droi'n win. Un peth wedd yn gyffredin iddyn nhw i gyd, 'u bod nhw'n yffachol o gryf! Bydde un glased yn 'ych gwneud chi'n *tipsy* iawn. Tra bydde Anti Fflori'n fishi'n gwneud y gwin, a ffrindie fel Mam yn dod rownd y tŷ i flasu, bydde Mishtir yn mynd mas rownd yr ardal yn pregethu mewn cyrdde dirwest! Wedyn Anti Muriel, neu Anti Miw, mam Granville, Huw a Peter John. Ges i sawl gwers *elocution* gyda Anti Miw – a dyw e ddim syndod fod y chwiw actio wedi ffeindio'i ffordd drwy'r cenedlaethe i un o'i hwyrion, sef Rhodri Evan – Balders yn *Cowbois ac Indians*. Wên i yn yr ysgol yn Aberteifi gyda Sheila a Gran, 'i dad a'i fam, a chafodd Sara, fy merch i, ran yn *Cowbois ac Indians*. Weithie ma bywyd yn mynd rownd mewn cylch.

Y drydedd wedd Anti Ciw, neu Ceinwen Morris, mam fy ffrind gore Bethan Morris. Tair wedd yn gymeriade cryf ac annwyl we'n cynrychioli'r hwyl a'r egni pan wên i'n tyfu lan yn Crymych wedd yr Antis Fflori, Ciw a Miw a dodwch y tair ohonyn nhw gyda Loli o'r Rhondda a wedd pethe mawr yn digwydd!

Anti arall wedd Anti Beryl Havard. Fuodd hi ac Yncl Leslie 'i gŵr yn cadw siop ac yn pobi bara. Dou o feibion wedd ganddyn nhw, John a Michael, a ges i lot o sbort yn chware gyda Meics – dyna wên i'n 'i alw – tra bod Jo yn ffrindie 'da John. Fues i'n chware gyda Meics yn neud *mud pies* wedi i Mam roi ffrog newydd sbon amdana i er mwyn bod yn deidi i fynd i rywle pwysig – sai'n cofio ble, ond dwi'n cofio'r smac ges i ar gefen fy nghoese pan ddes i 'nôl yn llawn mwt a baw. Wnes i ddim neud mwy o beis mwt.

Symudodd Anti Beryl a'r teulu i Tenby i redeg gwesty ac yn hwyrach lan i Lunden i Sussex Gardens i redeg gwely a brecwast. Gyda nhw arhoson ni am nosweth cyn i fi fynd i St Godric's pan wên i rhyw un ar bymtheg ôd. Ma Anti Beryl 'nôl yng Nghaerfyrddin nawr. Fe aeth merch ifanc o Crymych gyda hi i helpu yn Llunden, Ithwen Jones, merch Dai a Beryl Ffynnon. Dyna Anti Beryl arall. Nath Ithwen a Gaynor fy nghyfneither, neu Gay fel ma pawb yn 'i nabod, weitho yng ngwesty'r Belgrave yn Tenby gyda'i gili. Ken Kominsky, un o

29

westeiwyr enwoca de Cymru, wedd yn rhedeg y Belgrave ac wedd hi'n trît mawr i gael mynd i aros yno. Mae Ithwen nawr 'nôl yn byw yn Arberth wedi bod yn rheolwraig ar gatre Williamscourt am flynydde, a Gay fy nghyfneither wedi ymddeol yng Nghaerfyrddin – wedi dilyn Mr Ken i fod yn *housekeeper* yn yr Ivy Bush yng Nghaerfyrddin pan adnewyddwyd y gwesty yn y chwedege. Mae Gay, Ithwen a finne'n dal i gwrdd nawr ac yn y man i roi'r byd yn 'i le.

Gyda llaw, merch i Gwilym a Martha Portland, Hermon, yw Gay. Nawr os nad 'ych chi wedi clywed am Portland, smo chi wedi byw. Allech chi brynu rhywbeth yn siop Gwilym Portland; dyna Harrods y gorllewin! Wedd Gay yn ferch bert iawn ac mae'n dala fel'na heddi. Fe fydde carnifals yn bethe mowr yn Crymych pan wên i'n ferch fach a bydde Gay wastad yn cael 'i dewis yn *Carnival Queen*. Wên i wrth fy modd yn gweld yr orymdaith yn mynd drwy'r pentre; finne wedi gwisgo fel y *queen of hearts* a Jo fel Tommy Farr y bocsiwr – achos bod e'n dod o Donypandy a Mam o Clydach Vale. Gay a'i *attendants* yn ishte wedyn mor urddasol ar ben lorri er na allech chi weud taw lorri wedd hi gan bod pentwr o'r blode perta weloch chi erioed yn cwato'r whîls a sein pwy bynnag gwmni fydde wedi rhoi mencid y lorri am y dydd. Weithie wên i'n cael preis a weithie ddim, ond pa ots, achos fydde Carnifal Crymych yn un o ddyddie mowr yr haf ac wedd jyst cymryd rhan yn ddigon.

Wi'n credu taw tŷ ni wedd un o'r cyntaf i gael set deledu yn y pentref. Set bach du a gwyn yng nghornel y stafell. Dwi'n cofio holl blant y pentre'n dod i'r tŷ bob pnawn i weld *Children's Newsreel*, ac wên ni wrth 'yn bodd yn edrych ar yr hysbysebion am *frozen peas*, 'and the peas in the pod went pop' – dyna i chi'r rhigwm. Mi gethon ni'r set jyst mewn pryd i'r Coronation yn 1953, ond du a gwyn, dim sôn am liw; os wech chi isie *technicolor* rhaid wedd mynd i'r pictwrs yn y Pav yn Aberteifi.

Fydde Mam a Dad yn ffond iawn o fynd mas i fwyta, er wedd Mam yn gamster ar wneud cino dydd Sul gyda'r grefi neisa dwi'n gofio. Ond ar wahân i gino dydd Sul a gwneud cawl fydde hi ddim yn cael lot o ddiléit mas o gwcan. Glywon ni bod 'na fwyd ffantastig yn y Belgrave lle wedd Gay yn gweitho a lawr â ni i Tenby rhyw nosweth i gael pryd o fwyd. Un broblem o fynd mas i fwyta 'da Mam fydde sylweddoli 'i bod hi'n disgwyl i'r profiad fod yn berffeth a fuodd hi eriod yn slow i gwyno am y peth lleia. Y nosweth honno, plesio Mam wedd sialens fowr Mr Ken Kominsky. Beth bynnag, ordrodd Mam y capon, neu ffowlyn i chi a fi. Wrth gwrs, ffaelodd hi fyta'r ffowlyn o gwbwl achos bod e rhy twff. Galwodd Mr Ken draw, a'r dyddie 'ny wedd y Manager yn gwisgo *tails* a *fly collar*. Dyma fe'n dod yn llawn ffws a ffwdan, a holi, 'Is everything to your liking, Mrs Jones?' 'No, Mr Ken, I can't eat this chicken it's far too tough.' 'Oh I'm so sorry, Mrs Jones, it's our best capon,' a Mam yn ateb, 'Not only has it got it's cape on, Mr Ken, it's got its boots on as well!' Buodd sbel cyn i ni fynd 'nôl i fyta yn y Belgrave . . . Ond dros y blynydde daeth Mr Ken yn ffrind da; sdim rhyfedd a gweud y gwir; 'nes i gael fy mharti pen-blwydd yn un ar hugain yn yr Ivy Bush a rhyw bedwar mis wedyn y brecwast priodas.

Er bod Crymych ond yn bentre bach, wedd 'na dair garej yno: Jones Central Garej, Garej Edwards a Preseli Garej. Tad-cu Leah Marian Jones, y gantores fyd-enwog, wedd Dai Jones, Central Garej, a'i ferch Decima aeth â fi i'r ysgol y diwrnod cynta pan wên i'n gwrthod mynd miwn ac yn hongian wrth y *railings* tu fas. Tad yr enwog Peter John wedd berchen Preseli Garej ac ar ôl dyddie'i dad cymerodd Peter drosodd. A tad Barclay, Johnnie Edwards, wedd pia'r garej arall. Dwi'n credu bod Dad yn prynu petrol yn y tri lle er mwyn peido â digio. Y cyfan wi'n gofio yw Dad yn gweud, 'Llanw hi lan!' yn y tair garej yn 'u tro. Y dyddie 'ny wech chi ddim yn gorfod dod mas o'r car o gwbwl, gan bod 'na rywun 'na i roi'r petrol miwn, a bant â ni heb dalu. Fel plentyn wên i'n hollol anymwybodol o'r ffaith fod 'na filie'n cyrradd Dad bob mis am y petrol – wên i wastad yn meddwl 'i fod e am ddim, a dwi wedi cael trafferth cadw trefen ar goste car byth ers 'ny.

Fuodd 'na sawl car gyda Dad, ond yr un dwi'n gofio fwya yw'r *flying banana* – Vauxhall melyn llachar; allech chi ddim peido â'n gweld ni'n dod a phan fydde Dad yn rhoi 'i droed lawr wedd e'n mynd fel y gwynt. Flynyddoedd wedyn pan wên i'n mynd â Dad mas am spins yn y car wedd e wastad yn gweiddi arno i, 'Trôd off yr accelerator 'na nawr, Jen,' heb gofio fod e 'i hunan yn dipyn o *speed ace* yn 'i ddydd.

Sawl gwaith ar ôl ysgol fydde fe'n ddim i Mam a Dad ddreifo fi, Jo a llond car o'n ffrindie lawr i'r trath mowr yn Tydrath i fofiad. Dim sôn am *belts* na gwregys pryd 'ny; sha wyth ohonon ni fel *sardines* yn cefen y car, ond neb yn becso gan bod Tydrath a'r trath mowr yn galw.

NADOLIG

Er bod Mam yn gamster ar gwcan cino dydd Sul fydde hi ddim yn ffond iawn o wynebu pen-ôl y twrci a'i stwffo adeg y Nadolig. Ma rhaid fod busnes Dad yn neud yn itha da pan wên i sha wyth neu naw ôd achos bant â ni bob Nadolig, Dad, Mam, Jo a finne, i aros yn y Belle Vue yn Aberystwyth. Allen ni fod wedi mynd i'r Dorchester a fydde fe ddim gwell. Mam yn llanw dou *bolster case* o degane i Jo a fi, miwn i bŵt y car â nhw a'r cyfan yn cael 'i arllwys mas ar waelod y gwely ben bore Nadolig cyn i ni ddihuno. Mr James a'i wraig wedd berchen ar y Belle Vue y dyddie 'ny a gyda nhw chwech o blant. Allwch chi ddychmygu'r sbort wên ni gyd yn gael yn sleido ar hyd y *ballroom* ar y cadeire! Wedd 'na rai o'r gwesteion yn ddiflas iawn ac yn achwyn am y sŵn, yn enwedig pan fydde'r *chandeliers* yn y lolfa'n dechre shiglo. Ond wên ni'r plant yn cael lot o gyfle i joio, achos fydde'r rhan fwyaf o'r oedolion yn gweud, 'Amser i blant yw'r Nadolig'. O feddwl yn ôl, dwi'n siŵr ein bod ni'n niwsans mowr i'r bobl heb blant ar ôl talu lot am Nadolig tawel ger y lli yn Aberystwyth.

Dwi'n cofio Jo yn cael 'i set trên cyntaf yno – Hornby. Dim Mam a Dad brynodd y trên ond Yncl VJ. Bydde Yncl VJ ac

Hen lun o bentre Crymych.

Fel hyn wedd Crymych slawer dydd.

Dan Davies (Dan Gocha) a Sara Davies, Moorhall, Hermon, hen ddat-cu a
hen fam-gu i fi ar ddiwrnod 'u Priodas Aur.

Wncwl John ac Anti Lena, Castell-nedd, gyda Anti Jane,
Wncwl Albert a Dad.

Dad-cu, Lewis Lewis, a Mam-gu, Esther Lewis, a Mam yn ferch ifanc.

Anti Ieu gyda'i mam a'i thad ar
ddydd 'i bedydd.

Mam mewn siwt *posh* iawn.

Priodas Anti Ieu ac Wncwl Watkin.

Priodas Mam a Dad yn Minny Street, Caerdydd, 18 Ebrill 1936.

Mam yn ferch ifanc.

Mam yn un ar bymtheg – hwn we hoff lun Dad o Mam.

Mam yn edrych yn bryderus mewn cot ffwr.

Mam a thad Euryn ym Mharti Penmachno.

Mam Euryn yn derbyn medal gan David Lloyd George am ennill yr Unawd Contralto yn Eisteddfod Genedlaethol Caergybi, 1927.

Priodas mam a thad Euryn yn 1934.

Dad, Data, Dai John Lewis ac Wncwl Albert ar 'u ffordd
i weld Tommy Farr yn bocso.

Jo a fi; dyma fy hoff lun o'r ddou ohonom.

Llun stiwdio – tair ôd.

Dad, Mam, Jo a fi yn edrych yn swrth iawn.

Michael Havard a finne: diwrnod
anfarwol y *mud pies.*

Queen of Hearts carnifal Crymych.

Fy mharti pen-blwydd yn saith ôd, tu fas i Glwb Golff Tydrath.

Jo a fi yn ishte ar y creigie ar Trath Mowr.

Mam, Anti Eirlys,
Nan, ffrind arall i
Mam, Jo a fi tu fas
i'r garafán gynta yn
Tydrath.

Fy mharti pen-blwydd yn
ddeg ôd yng Nghlwb Golff
Tydrath.

Fi a Jane Joy yng Nghwm yr Eglwys pan wên ni yn y Convent yn Abergweun.

Anita Sacadelli, Sister Pauline, fi a Jane Joy yn y Convent yn Abergweun.

Mishtir gyda Miss Eirlys Owen, Miss Tegrydd George, Miss Williams a phlant ysgol gynradd Crymych.

Mishtir gyda Granville John, John Davies, Rhian James, fi, Eiddwen Mathias, Bethan Morris, Llinos George a Helen Evans yn Eisteddfod yr Urdd, Abertridwr.

Broseli, fy nhrydydd cartre yng Nghrymych.

Ieu, fi a Jo gyda Fan y ci yn y Lan,
Blaen-ffos.

Copi o raglen y *Gondoliers* pan wên i
yn Ysgol Ramadeg Aberteifi, 1959.

Mam a Dad

Anti Kate yn dod i aros yn y gwesty gyda ni dros y Nadolig o Ferthyr. Wedd Yncl VJ yn *Director* rhyw siop *posh* yn Merthyr ac yn hael iawn 'da'r presante. Un flwyddyn ges i ddol wedd yn cerdded ac yn gweud 'Mama'. Heddi wrth gwrs ma'r dolie sy ar werth bron fel babis iawn. Bydde Soffia ddim yn *impressed* o gwbwl gyda dolie'r pumdege.

Gyda'r nos fydde 'na ffws fowr i wisgo dillad gore a mynd lawr i gael swper a'r *head waiter* yn 'i *tails*. Scotyn wedd e, dwi'n cofio, ac yn ddyn neis iawn a Mr Hook fydde Dad a Mam yn 'i alw. Fe wydde fe'n iawn bod y plant i gyd yn byta'u bwyd yn glou, glou er mwyn mynd 'nôl lan i'r *ballroom* i sleido ar y llawr slip. Fuodd hi'n sbel cyn i fi sylweddoli taw dawnso wech chi fod neud mewn *ballroom* a nid sleidro ar eich tin. 'Na siom pan ffindies i mas.

TYDRATH

Fel wedes i yn gynt, Tydrath yw e i fi, ddim Trefdraeth, 'yn ail getre i ac yn dal i fod heddi hefyd. 'Yn ni wedi prynu carafán *static* 'na wrth ymyl y Parrog a dwi wrth fy modd yn mynd lawr 'na. Dwi'n cofio shwt dechreuodd y berthynas gyda Tydrath. Doctor Morfudd Evans wedd doctor Crymych pan wên i'n ferch fach, a bydde hi'n dod i gael cawl gyda Mam bob dydd Mowrth gan bod 'na syrjeri gyda hi mewn sièd fach goch groes yr hewl i tŷ ni. Pan wedd Jo 'mrawd yn rhyw ddwy ôd, ac yn dal damed yn wantan, wedodd y Doctor, 'Take him down to the sea air, that will cure his chest'.

A dyna beth nath Dad; prynu carafán fach, hen Sprite, a chal caniatâd i'w rhoi hi yng nghornel parc Ffarm Ffynonddofon, jyst uwchben y clwb golff. Bydden ni'n cerdded lled parc i nôl dŵr gyda stên, ac wedd Williams Ffynonddofon yn cadw tarw. Weithie mi fydde'n pori yn yr un parc â'r garafán ac mi fydde'n dipyn o gamp i gael dŵr heb ypseto'r hen darw.

Gath mam ferch ifanc o'r enw Nan i helpu gyda Jo, ac mae'i chwaer hi, Eirlys, yn gweitho 'da Jo heddi yn y swyddfa.

Bydden ni'n cerdded lot achos y wâc hir o'r garafán lawr i'r trath, a rhiw ofnadw hefyd. Fydde Jo ddim yn lico cerdded lan y rhiw 'nôl o'r trath a mor gynted â wên ni ar yr hewl mi fydde'n jwmpo miwn i'r *pushchair* a Mam, Nan a fi yn gorfod 'i bwsho fe'r holl ffordd 'nôl i'r garafán. Ma 'na grid gwartheg ar bwys parc Ffynonddofon a dwi'n cofio'n sandal i'n cwmpo rhwng y grids – ma hi siŵr o fod 'na tan heddi, ond sa i wedi stopo i ffindio mas.

HOLLYWOOD YN DOD I TYDRATH

Dwi'n credu taw yn 1953, blwyddyn coroni'r Frenhines a chael teledu yn y tŷ – wên i rhyw naw ôd ta beth – y clywson ni bod criw o actorion wedi cymryd drosodd y Fishguard Bay Hotel i ffilmo *Moby Dick*. Gregory Peck, Leo Genn a, dwi'n meddwl, John Huston hefyd, ddaeth i gynhyrchu neu gyfarwyddo. Beth bynnag, wên i draw gyda ffrind yn y pentre'n whare pan ddaeth Mam draw fel cwthwm o wynt: 'Jen, dere 'da fi, ma Gregory Peck yn y golff club.' Am gyffro! Wel, arhoses i ar y nawfed i weld e'n dod miwn gyda Veronique, 'i gariad y pryd 'ny. Mi nethon nhw briodi yn ddiweddarach a fuodd hi 'dag e tan ddiwedd 'i oes. Dwi'n cofio fe mor dal a hithe mor arbennig yr olwg gyda rhyw gap bach fel peth golchi llestri am 'i phen. Ges i lofnod Gregory Peck yn y llyfr bach llofnodion, er cofiwch 'yn ni wedi symud tŷ cymaint o withie wi'n ffaelu'n deg â'i ffindio erbyn hyn. Wedyn ges i chydig o graith Captain Ahab – rhyw beth salw plastig – gydag un o'r merched coluro; ma hwnnw wedi diflannu rhywle hefyd. Beth nath ddala'n sylw yn y clwb pan ddethon nhw 'nôl i gael te wedd ma lemwn a nid llaeth wên nhw'n rhoi miwn. 'Na chi beth od. Wedd 'ny'n fwy o sioc i ferch o Grymych na'r ffaith mod i wedi cael llofnod un o mega-sêr y sgrîn fowr.

Wrth gwrs alle Mam byth peidio â mynd i siarad 'dag e a ngadel inne'n llawn embaras. 'Your ffilm will never be a success you know, it hasn't got a woman in it,' medde Mam. Fe wenodd e'n boléit a chredu dim arni. Ond wir, dwi'n meddwl bod Mam yn iawn a sai'n credu bod *Moby Dick* yn llwyddiant mawr yn y Box Office.

O ie, anghofies i weud am y morfil; allech chi weld hwnnw mas yn y bae, un mowr plastig, anferth a gweud y gwir. Gollon nhw'r creadur mewn storm ac ma'n siŵr 'i fod e wedi suddo i waelod y môr. Rhywle mas 'na heddi yng nghanol Bae Ceredigion ma'r dolffins yn gofyn i'w gili, 'beth yw'r peth mawr diog 'na sy'n cysgu ar y gwaelod?'

Wên ni'n synnu ar faint y ceir fydde'n troi lan i'w cario nhw o'r gwesty lan i'r Clwb Golff ac yn ôl. Wên i riôd wedi gweld rhai mor swanc. Rhai du mowr a Dad yn gweud taw Rolls Royce we'r rhan fwya ohonyn nhw. Jyst fel hers Dad, feddylies i i fi'n hunan.

GOLFF

Dyma pryd nath Dad ddechre cymryd diddordeb mewn golff. Clwb preifat wedd Tydrath y dyddie 'ny a theulu o Fynwy, George Waldon a'i fab a'i ferch-yng-nghyfraith Ken a Pat, yn berchen y clwb. Cyn bo hir nethon ni symud y garafán lawr i fod yn agos i'r *first tee* gyda chaniatâd Ken Waldon. Penderfynodd Dad fod rhaid i Jo a fi gael gwersi, rhyw saith wên i a Jo ond tair – yr oedran ddechreuodd Tiger Woods. Gorfod i Ken dorri set o glybs lawr i seis ar gyfer Jo. Pob penwthnos lawr â ni o Grymych i aros yn y garafán. Bydden ni'n defnyddio cyfleustere'r clwb golff ac yn byta'r bwyd cartref fydde Pat a'r hen Mrs Waldon yn 'i gwcan. Lle i gysgu wedd y garafán. Bob haf bydde 'na gang fowr o Gaerdydd yn dod lawr ar 'u gwylie, pob un yn aros mewn carafán. Ma'r ffrindie nethon ni pan wên ni'n blant yn dal i gadw mewn cysylltiad heddi a'r cysylltiad yn cael 'i drosglwyddo o genhedlaeth i genhedlaeth. Er enghraifft, ma Soffia yn ffrind i Caitlin, wyres Siân a Mike Phipps, wedd yn dod lawr i Tydrath bob haf yn blant. Buodd Siân, yn ogystal â bod yn wraig fferm, yn y busnes coginio a hi wedd yn paratoi'r bwyd hyfryd i wahanol achlysuron arbennig yn S4C ar hyd y blynydde.

George Waldon ddysgodd fi i chware golff a'i fab Ken ddysgodd Jo ac ma swing esmwyth George gyda fi a swing mwy pwerus Ken gyda Jo. Bob tro dwi'n chware golff heddi ma pawb yn canmol y swing. O leia ma'n rhywbeth neis i'w glywed pan smo'r bêl yn mynd yn bell iawn a'r sgôr yn wael!

Nath Mam byth ddysgu chware golff, gan bod hi'n ffaelu credu y base neb yn dilyn pêl fach wen rownd y cwrs ac felly beth wedd pwynt y gêm o gwbwl? Yn lle chware golff fydde Mam wrth 'i bodd yn chware'r slot machines yn y clwb, chwe cheiniog y tro bryd 'ny, a fydde hi'n ennill y jacpot weithie hefyd. Aeth Mam erioed i Las Vegas, ond falle bydde hi wedi bod yn un o'r *high rollers* tase hi wedi cael cyfle i fynd yno.

Fel pob plentyn arall, wedd diwrnod pen-blwydd yn bwysig iawn i mi – a mae e o hyd! Ac am fod Jo a fi wedi'n geni yn ystod gwylie'r haf fe ddigwyddodd y rhan fwya o'n partis pen-blwydd yn Clwb Golff Tydrath. Wedd 'na ddim lle gwell i ddathlu. Ar ôl te gyda pentwr o ffrindie Crymych, newid wedyn o'r dillad 'smart' a lawr â ni i'r Trath Mowr, naill i'r môr os fydde'r tywydd yn caniatáu, neu i redeg obiti i gael 'yn gwres.

Fydd Gabriel bach yn dathlu 'i ben-blwydd ar Awst 20, yr un pen-blwydd â Dad, 'i hen dad-cu, a lawr i'r garafán ac ar y Trath Mowr y byddwn ninne'n mynd i ddathlu.

Er fod Dad yn ddiacon Capel Antioch, ar ôl gwasaneth bore Sul bant â ni i gael gêm o golff yn y prynhawn. Wedd F. M. Jones, y gweinidog, yn deall yn iawn dwi'n credu; Dad ac e yn tano lan tu fas i'r capel ar ôl cwrdd. Smocwyd sawl sigarét tu fas i Antioch ar fore Sul.

Dros y blynydde ma pob aelod o'r teulu wedi dysgu chware golff; Euryn, Rhodri, Sara a nawr dwi'n gobeitho fydd Soffia a Gabriel yn dysgu hefyd.

Beth wedodd rhywun? 'Golf is a great leveller'. Ma 'ny'n wir; os fydd 'na rywbeth yn fy mecso, ac ma gyda fi lond cwpwrdd o fedale aur am fecso, dim ond mas ar y cwrs golff alla i ymlacio a'r unig beth dwi'n gallu meddwl amdano yw cael y bêl fach wen 'na lawr i'r twll mewn cyn lleied o *shots* â fedra i. Ond chware fy hunan fydda i. Sa i'n greadur cystadleuol iawn ar y cwrs felly os 'ych chi'n whilio am bartner i ennill twrnament, peidiwch â gofyn i fi.

Dros y blynydde dwi wedi bod yn ffodus i allu chware golff i godi arian i wahanol elusenne, fel y Welsh Bone Marrow ac i ddiwrnode elusen ledled Cymru. Un tro gorfod ifi fynd i Telford i chware a daeth Nest, fy ffrind, gyda fi i gefnogi a chadw cwmni. Sai'n gwbod os 'ych chi'n nabod Telford o gwbwl ond ma mwy o rowndabowts yno na sydd mewn ffair. Fuon ni'n dreifo rownd am oesoedd cyn ffindio'r cwrs golff. Beth bynnag, odd dou ffrind mowr, dou gymeriad sbesial yn chware gyda fi y diwrnod hwnnw – Bryn Phillips a'i gyfaill Reg Bennett, y digrifwyr. Y noson honno wedd 'na gino mowr ar ôl y golff a nhw'ch dou wedd yr adloniant.

Y bore wedyn wedd dim lifft 'da Bryn na Reg getre i'r de a dyma fi'n cynnig mynd â nhw. Yn anffodus, wedd rhaid i Nest ruthro 'nôl i angladd, ac felly rhaid wedd rhoi'r drod lawr i gyrradd 'nôl mewn pryd. Gorfod i mi adel Bryn a Reg lawr ar y rowndabowt jyst cyn dod miwn i Bontypridd, er mwyn i Nest gyrradd yr angladd mewn pryd. Bob tro bydden i'n cwrdd â Bryn wedyn mewn twrnament golff mi fydde'n gofyn i mi, ''As your friend got another funeral to go to, Jen?'

Aubrey a Wendy Motton, dou ffrind annwyl o'r Barri, nath fy helpu i ailgydio yn y golff. Wedd y ddou yn codi arian i'r Welsh Bone Marrow yng Nghymru. Fues i'n chware sawl twrnament gyda nhw a mynd i bob cwrs golff allech chi feddwl amdano. Digon bregus wedd iechyd Aubrey oherwydd y leukemia, ac mi fydde fe'n mynd â'i buggy bach 'i hun ar 'i deithie i fynd ag e rownd y cwrs. Wên i wrth fy modd yn cael dreifo'r buggy wrth chware rownd. Wedd Wendy'n achwyn weithie fod Aubrey a finne ddim yn cymryd y gêm o ddifri ac yn siarad gormod ar y ffordd rownd. Siarad neu beido, nath y ddou ohonyn nhw godi dege o filoedd o bunne dros y blynydde tuag at ymchwil mêr yr esgyrn yn yr Ysgol Feddygol yng Nghaerdydd. Wên nhw hefyd yn trefnu dawns bob Nadolig i godi arian, a twrnament bob haf yng nghlwb golff Wenfo gyda Wendy ac Aubrey yn perswadio selebs o bob man i gymryd rhan. Daeth Roger Whittaker un flwyddyn a wedd e'n ffrindie gydag Euryn yn y coleg ym Mangor, wedyn Johnny Briggs, Kenny Lynch, a llu o sêr byd adloniant Cymru, gan gynnwys Bryn Phillips a Reg Bennett. 'Na fel ma golff. Ma hi'n gêm gymdeithasol iawn.

Ma Rhodri yn cael llawer mwy o gyfle yn Llunden i chware golff gyda'r selebs, a'r rhan fwya ohonyn nhw â handicaps ishel iawn. Pobol fel Bruce Forsyth a Jimmy Tarbuck. Dyna beth ma nhw i gyd yn neud pan ma nhw'n 'resto'. Ers i mi ddechre chware o ddifri 36 yw'n handicap i wedi bod. Os chi'n deall handicaps, ma cadw handicap uchel yn eithaf crefft; chi'n gorfod derbyn na chewch chi ennill lot o wobre ond chi'n gallu joio'r gêm heb weindio'ch hunan lan. Sa i'n joio chware deunaw twll – ma naw yn hen ddigon i fi, yn fwy na digon os na wes buggy i fynd o gwmpas y cwrs. Ma dynon sy'n lico bwrw'n bell yn gallu bod yn *macho* iawn am 'u golff, a'r merched sy'n cymryd y gêm o ddifri yn gallu bod yn wath. Cyfle i fwynhau yn yr awyr iach yw golff i fi a dyna pam dwi'n 'i ffeindio'n hawdd i gadw ar handicap o 36.

Fydd y Ryder Cup yn dod i'r Celtic Manor yn 2010 a 'mrawd Jo lan hyd 'i glustie gyda'r trefniade. Wnes i ffilmio cyfres golff un waith a chal mawrion fel Gareth Edwards, Max Boyce, Owain Arwel Hughes ac ati i gymryd rhan. Nath Max ddysgu tip bach handi i fi shwt i leinio'r bêl lan. Mae e'n golffiwr da iawn a finne byth yn gallu pyto'n syth, ond fi'n well ar ôl y tip. Diolch, Max.

Prynodd Dad ddou blot wrth ochr y cwrs golff yn Tydrath am £200 a bildo dou fyngalo a'u gwerthu nhw am bris ishel iawn. Heddi, os chi'n nabod Tydrath o gwbwl, ma'r byngalos ar bwys y cwrs yn mynd am ryw dri chwarter miliwn. Wedd Dad wrth 'i fodd yn prynu a gwerthu; prynodd e le bach ar y myni ar y ffordd i Gwm Gweun – Ger y Waun wedd 'i enw fe – a gas Rhod a Sara y sbort ryfedda lawr 'na bob haf. Ond gwerthodd e Ger y Waun hefyd pan wedd y plant yn 'u arddege. Diolch byth fod carafán gyda fi i fynd 'nôl iddi, yntife. A ma Soffia, fel fydd Gabriel dwi'n siŵr, wrth 'i bodd yn cael rhyddid Trath Mowr fel ces i a Jo a'n ffrindie.

Ar ôl y Waldons fuodd 'na wahanol bobol yn berchen y cwrs golff, ond y rhai anwyla i fi odd y Dietrichts, Alfred ac Eluned a'u mab Ronald, nath briodi Ella, a gawson nhw ddou o blant – Tomos ac Anna. Wedd Ella yn golffer arbennig o dda ac mae'n dal i fod heddi, a ma Anna yn gamster ar y gêm ac yn chware i handicap ishel iawn. Ma Anna 'nôl yn Clwb Golff Tydrath erbyn hyn, a gyda'r holl newidiade sy'n mynd mlân 'na i neud y cwrs yn ddeunaw twll, fydd Anna'n gyfrifol am y siop golff newydd ac mi ddaw hi â dipyn o steil gyda hi.

Dros y blynydde ma dillad golff i'r merched wedi bod yn ddigon siomedig ond, erbyn heddi, gyda Catherine Zeta Jones yn chware gêm reit dda, ma 'na chydig mwy o steil i bethe. Ma nhw'n gweud fod y diweddar Katherine Hepburn yn golffer arbennig o dda, a ma rhan fwya o sêr Hollywood dros y blynydde wedi chware golff. Dwi wedi chware golff yn America a Portiwgal, ac wrth fy modd yn chware yn yr houl. Mae e'n neud y byd o wahanieth; sai'n lico chware yn y glaw o gwbwl, a gweud y gwir.

Pan symudes i 'nôl lawr i Gaerdydd o Lunden, fe chwaraeodd golff ran fowr yn fy mywyd i. Uwchben y fflat yn Cathedral Road lle wên i'n byw wedd 'na wraig o'r enw Enid Owen a phan ddeallodd hi mod i'n chware golff dyma hi'n martsio fi bron bob dydd Sul lawr i Borth-cawl i chware. Ma rhaid gweud mod i'n ffeindio'r clwb yn *stuffy* iawn ar ôl Tydrath, y dynion mewn un bar a'r merched drws nesa, ac wên i wastad yn rhuthro 'nôl wedyn i gwrdd ag Euryn ar ôl capel nos Sul! Ond mwy am 'ny'n nes mlân.

Nath Enid benderfynu fydde'n rhaid i fi ddechre cael hyfforddiant i chware gyda tîm ieuenctid Morgannwg. Mi wnes i fynd i chydig o'r gwersi ymarfer, ond dwi'n ofni taw gadel wnes i yn y diwedd. Wedd pawb yn cymryd pethe mor seriws a finne jyst am joio. Yn fy nghalon wi'n hapusach yng Nghlwb Golff Tydrath, lle tyfes i lan, nag ar unrhyw gwrs arall yn y byd.

Dros y blynydde, perswadiodd Dad nifer o bobol i chware golff a paso tips mlân iddyn nhw. Un o'i ffrindie gore wedd Roy Kemble, y doctor ifanc ddaeth i Crymych gyda'i deulu. Ma nhw'n byw yn y Bont-faen erbyn hyn, wedi ymddeol, ac 'yn ni'n ffrindie mowr. Nath teulu Anti Anne ac Yncl Roy, a'r merched Sue a Jill, chware rhan fowr yn fy mywyd pan wên i'n tyfu lan yn Crymych. Nhw wedd ffrindie penna Mam a Dad. Ac yn ddiweddarach pan es i i Lunden fuodd chwiorydd Anne Kemble, sef Nancy a Dilys, yn garedig iawn i mi, ac yn cadw llygad arna i yn y Ddinas Fowr. Sai'n gwbod a odych chi'n cofio *The Fugitive* ar y bocs 'nôl yn y chwedege. Wedd Roy Kemble yn ffan mowr, ac os fydde Dad ac e wedi trefnu chware gêm o golff, dwi'n cofio fe'n gweud, 'Jack, I've got to finish so I can be home in time to watch *The Fugitive* in case they catch him tonight.' Sai'n credu bod nhw byth wedi'i ddal e ond chollodd Roy 'run bennod.

Bron bob nos Sadwrn yn ddi-ffael fydde Dad, Mam, Jo, fi a'r Kembles i gyd yn mynd mas i fyta. Y lle gore y dyddie 'ny wedd y Trewern yn Nanhyfer. Teulu o Loegr wedd yn cadw'r dafarn – Nelson Edwards wedd 'u henwe nhw – a bydde 'na bobol yn dod lan o waelod y shir i gael pryd yn y Trewern. Dyna'r lle cynta wnes i brofi Mateus Rosé, a dyna'r gwin i'w yfed y dyddie 'ny. Ma'n debyg 'i fod e'n dod 'nôl i ffasiwn heddi.

Wên ni mas un nos Sadwrn a hithe'n nosweth wêr iawn yng nghanol gaea, yn bygwth eira hefyd, ond yno wên ni yn dwym wrth y tân coed mowr yn y Trewern. Ar ôl pryd bendigedig, dechre am Crymych. Sai'n gwbod 'ych chi'n nabod yr ardal, ond ar ôl gadel Felindre Farchog ma 'na riw eitha serth a bryd 'ny wedd e lot mwy serth achos ma nhw wedi lledaenu'r ffordd ers 'ny. Aeth Roy Kemble a'r teulu off gynta a ninne'n dilyn yn y car 'da Mam a Dad. Yn sydyn dyma Dad yn gweld Roy yn dod 'nôl i gwrdd ag e. 'Beth ar y ddaear (nath e ddefnyddio geirie chydig bach cryfach na 'ny) ma Roy yn dod am 'nôl, rhaid bod e wedi anghofio rhywbeth.' Wedd hi wedi rhewi mor galed wedd car Roy wedi neud 'three point turn' ohono'i hunan a sleidro 'nôl tuag aton ni. Gyrhaeddon ni gatre'n saff yn y diwedd a Jo a finne wedi joio'r antur mas draw.

Gas llwch Dad 'i wasgaru i'r môr oddi ar y nawfed tî ar Gwrs Golff Tydrath. Wedd e wastad yn lico cael dreif dda iawn ar y nawfed, a breuddwydio bob tro am weld y dreif yn gros yr hewl a chyrradd y green mewn un. Wedd e'n gapten y clwb yn 1961, yr un flwyddyn â nath Jo ennill cystadleueth Danny Betty yn y clwb. 'Yn ni'n chware twrnament bach bob haf er cof am Dad lawr yn Tydrath – y Jack Jones Putter ma nhw'n 'i alw fe. Rhywsut neu'i gili mi enilles i llynedd yn erbyn dynon a merched. Gafodd pawb sioc, a neb yn fwy na fi.

Y LAN, BLAEN-FFOS

Wedd Anti Eirwen yn gyfneither cyntaf i Mam a mam Eirwen, Sarah Jane, neu Lal i fi, a Mam-gu yn ddwy chwaer. Ffarmo'r Lan, neu Lan Hall i roi'r enw llawn iddo, *smallholding* o ryw bump ar hugen o erwe, wedd Yncl Watkin ac Eirwen yn Blaen-ffos. A dyna fy ail getre i pan wên i'n tyfu lan.

Gollodd Ieu, fel wên i'n 'i galw, fabi bach dim ond rhyw chydig o ddyddie ôd, merch fach a enwyd yn Eileen. Mi ges i'n fabwysiadu mewn ffordd, a gan fod Mam yn brysur gyda Jo'n fabi, wên i'n cael mynd i'r Lan mor amal â phosib.

Dwi'n cofio mynd i Aberteifi rhywdro gyda Ieu, pan wên i rhyw beder a hanner, ac ishte ar 'i phwys hi mewn caffi, a daeth rhywun ati a gweud, ''Ych merch fach chi ife?' 'Ie,' medde Ieu. 'Wel,' medde'r person 'ma, 'on'd yw hi'n debyg i ferch fach Jack Jones, Crymych?'

Ges i erioed fynd miwn i'r boudy tra wedd Anti Ieu ac Wncwl Watkin yn godro. Dwi'n cofio llais Wncwl Watkin yn gweud, 'Cadw hi mas, Eirwen, mwyn Duw, neu fydd hi siŵr o suro'r llath'. Wedd gyda nhw rhyw wyth buwch yn y boudy ac enw ar bob un. A phan fydde Watkin yn gorfod mynd ag un i'r mart yn Aberteifi dyna i chi dristwch mowr achos 'u bod nhw fel anifeilied anwes. Bydden i wastad jyst tu fas i'r boudy gyda'r gath yn edrych ar y godro'n mynd mlân. Fel trît fydde'r gath yn cael dropyn o'r llaeth twym o'r fuwch yn y soser a finne'n cael dropyn mewn cwpan. Dwi'n casáu llaeth hyd at heddi. Tra wên nhw'n fishi'n godro fydden i'n rhoi fy shâr i i'r gath. Ond achos fod y cwpan yn wag bob tro wedd Ieu yn meddwl mod i'n dwlu ar y llaeth twym yn syth o'r fuwch.

Y peth gore obiti'r Lan wedd cael mynd i gasglu'r wye. Wên i'n ofnus iawn o'r ieir, ond fydde mam Ieu, Lal, wastad yn dod miwn i'r sièd gyda fi. Wedd hi'n hala'r iâr o'r ffordd, a dyna lle wedd y wye yn y gwellt, ambell waith tri neu bedwar, ambell waith ond un. Beth wedd yn fy mhwslo i fydde gweld ŵy 'china' gwyn yn gorwedd yn y nyth. Ma'n debyg fod gweld yr ŵy ma yn helpu'r iâr i ddodwy mwy.

Fuon nhw'n cadw moch hefyd, mewn lle bach jyst o dan y boudy a clo bach ar y iet. Wrth gwrs, fydde rhaid i fi fusnesu a chodi'r clo – a mas daeth y moch i gyd i'r clos a rhedeg drwy'r parc lan at yr hewl! Ges i stŵr a ches i ddim dod 'nôl i'r Lan am sawl wthnos ar ôl hynna.

Un peth wên i wrth fy modd gydag e yn y Lan wedd cael cawl. Nawr wedd cawl Mam yn ffein ond wedd cawl Ieu yn ffeinach. A beth fydde'n rhoi'r blas arbennig iddo fydde'r ham. Sleisen neu ddwy wedi'u torri o un o'r hams fydde'n hongian o'r to yn y gegin o un flwyddyn i'r llall. Wedi lladd y mochyn mi fydde digon o fwyd gan Ieu a Watkin am flwyddyn gron; o leiaf dyna fydden i'n feddwl. Pan es i i'r Eidal rai blynydde 'nôl nath yr holl hams gwahanol yn hongian o'r to yno fynd â fi 'nôl i'r amser dreulies i yn y Lan.

Fuodd Watkin yn Norwy adeg y rhyfel; dwi'n cofio Ieu yn gweud y stori. Wedd hi'n becso'n fowr amdano fel wedodd hi. Wrth gwrs, y dyddie 'ny, telegrams fydde'n cyrradd gyda newyddion drwg. Y diwrnod arbennig 'ma wedd hi'n poeni'n ofnadw. Dyma'r postman yn dod â telegram i'r Lan; dim ond un peth alle fe fod, medde Ieu wrtha i, Watkin wedi cael 'i ladd, ac alle hi ddim agor y neges. Beth bynnag, nath Lal 'i mam agor e drosti a dyma'r neges: 'Can't come to kill pig today will come tomorrow'.

Cafodd Jo ddod i'r Lan weithie ond gan 'i fod e'n ifancach na fi fydde fe ddim yn cael aros lot achos fydde hi'n ddigon i Ieu ofalu am un ferch fach ddigon drwg. Beth bynnag, un penwthnos aeth Mam a Dad i Fryste i weld Mam-gu, mam Dad, wedd erbyn hyn yn byw gyda Anti Jane yn Chipping Sodbury. Mi fydde Ieu a'i mam Lal yn selog iawn yng nghapel Blaen-ffos ac yn mynd i'r cwrdd bore a nos ym mhob tywy ac yn cerdded weithie hefyd. Ar y bore Sul arbennig 'ma, wedd Jo, fi a Lal yn cysgu i gyd gyda'n gili yn y gwely plu mowr 'ma. Wên i'n shinco miwn i'r gwely 'ma, wedd e mor gyfforddus. Nath Lal a Ieu baratoi i fynd i'r capel, a'n gadel ni'n dou yng ngofal Watkin.

Dyma Jo yn achwyn bola tost a dyma ni gyd yn dechre poeni ac arhosodd Lal gatre o'r capel i fod gyda Jo rhag ofon iddo waethygu. Erbyn i Ieu ddod 'nôl amser cino wedd Jo wedi codi a mas yn chware 'da fi yn y parc. Wi'n credu ma ishe tamed bach o faldod wedd e a gan mod i beder blyne'n hynach na Jo wên i'n teimlo'n gyfrifol amdano. Dwi 'run peth heddi, gofynnwch iddo fe. Mae e'n gwbod mod i'n becso'n ofnadw am bopeth. Yn rhyfedd, ma Beca, merch Jo, wedi etifeddu'r *gene* becso 'ma. 'Yn ni'n neud jôc ohono pan 'yn ni'n cwrdd. Pwy sy'n becso fwya? Ma Jen yn becso a Beca'n becso . . .

Ers yn blentyn dwi'n cofio edrych ar y seld wedd yn erbyn un wal yn y Lan. Presant wedd hi, presant priodas i fy hen, hen fam-gu, a 'ny yn mynd 'nôl i tua 1820. Prin allech chi 'i gweld hi gan 'i bod hi wedi'i llanw bob modfedd gyda platie *willow pattern* a jygie o bob lliw a llun. Wedodd Ieu wrtha i un diwrnod a hithe newydd droi 80, 'Jen, os ddigwydd rhywbeth i fi, dere lawr ar unwaith i hôl y seld'. Wel, wnes i egluro'n dawel wrthi na allen ni ddim jyst cerdded miwn a mynd â hi 'nôl i'r Barri yng nghefn y car.

Ond fuodd Ieu yn deidi iawn gyda'i threfniade, a pan farw hi yn 83 ôd, wedd e yn 'i wyllys hi taw fi wedd i gael y seld i'w chadw yn y teulu am genhedleth arall. Wên i gwmint o ofon y bydde byrglars yn dod a'i dwgyd hi, achos bod lot o bobol yn mynd rownd tai fferm ar y pryd yn chwilo am antiques, mi es i'n syth i'r Lan ar ôl yr angladd a pacio'r llestri mewn bocsys yn deidi. Mi gymrodd ddiwrnod cyfan. Wedyn daeth mab Keith ac Anne Bowen, Waunguach, y ffarm drws nesa i'r Lan, â'r seld yr holl ffordd lan i'r Barri mewn fan fowr. Dyna i chi ddiwrnod arall. Pan symudon ni draw i Ynys y Barri yn ddiweddar mi wnes i'n siŵr cyn dechre bod 'na wal yn y tŷ newydd fydde'n cymryd y seld, ac mae hi wedi cymryd 'i lle fel 'sa hi wedi bod 'na riod ac ma'r hen blatie a'r jwgie'n dal i guddio'r pren.

Ma Eirwen a Watkin wedi hen fynd, a'r Lan wedi'i werthu i deulu ifanc o'r ardal ac ma 'na ddou o blant bach 'na nawr. Y lle gore yn y byd iddyn nhw dyfu lan.

Yr Hers

Dim pob *undertaker* (neu ymgymerwr, fel bydde rhai ohonoch chi'n weud) sy'n berchen ar hers Silver Cloud Rolls Royce; ond wir, wedd gyda Dad un, yn llyncu petrol ond ddim wedi gwneud lot o *mileage*.

Pan gymrodd e'r busnes drosodd yn 1946 wedd gan yr hen ŵr John Edwards hers henffasiwn a cheffyle yn 'i thynnu. Fuodd Dad yn neud sawl angladd ymhob tywydd yn ishte tu fas ac ambell dro yn cael glychfa i'r crôn mewn tywy' gwael. Cafodd honno 'i gwerthu ac ar ôl mynd o law i law rownd y sêls dros hanner canrif prynwyd yr hers gan John Watkin, a ma hi gydag e'n saff yn y garej yn 'i getre wrth Ffair Rhos. 'Rhaid iti ddod lan i weld yr hers, Jen', mae e wastad yn gweud ar y ffôn. A bydd rhaid mynd – ond i weld John a Babs fwy na mynd i weld yr hers.

44

Fel Mam, wedd dim llawer o ddiddordeb gyda fi mewn hersys, a gweud y gwir. Ond fydde Dad yn mynnu parco'r Rolls Royce ar bwys y tŷ. Wnaethon ni symud o Dol-coed wedi i Dad brynu pishyn o dir gyda ffarm Pencware, jyst tu fas i Grymych. Prynodd Doctor Evans y tŷ cynta gan fod y bilder wedi treulio rhyw dair blynedd cyn bennu adeiladu. Felly symudon ni miwn i Broseli pan wên i'n un ar ddeg a Jo 'mrawd yn saith. A daeth yr hers gyda ni.

Nath Mam riôd ddygymod â bod yn wraig i *undertaker*. Wedd hi'n casáu unrhyw beth i neud ag angladde. Mi fydde 'na draddodiad yn y wlad y dyddie 'ny i roi *wreaths* gwydr ar y bedde a fydde hi'n ddim i'r teulu dreulio orie yn dewis un, a wên nhw wastad yn cyrradd rhan amla pan fydde Dad yn cau'r siop. Peth arall wi'n gofio'n digwydd yn amal pan wên i'n blentyn yw Anti Eirwen a Lal yn dod lan i'r tŷ wedi gwisgo i gyd mewn du, yn mynd neu'n dod 'nôl o angladd. Ar ôl iddyn nhw gael dished o de a mynd ar 'u ffordd am y Lan mi fydde Mam o hyd yn gweud, 'Fyse Eirwen wedi neud lot gwell gwraig i dy dad na fi – ma hi wrth 'i bodd gydag angladde'.

Fel popeth arall, wedd yr hers Rolls Royce yn mynd yn hen a gwahanol bethe'n mynd o'i le arni. A fu rhaid cael injin newydd. Clywodd Dad fod 'na le yn Tring yn Hertfordshire gyda'r union injin. Er bod ni lawr am benwthnos yn y garafán yn Tydrath, bant â ni – Mam, Dad, Jo a fi lan i Tring, wedi cael benthyg trelar ar gyfer yr injin.

Gorfod inni aros nos yn Tring a dechre 'nôl bore wedyn, ond aeth hi'n itha diweddar yn y dydd cyn bod yr injin newydd yn barod i fynd ac wedi cael 'i gosod yn ddiogel ar y treilar. O'r diwedd bant â ni am getre. Fel wên ni'n mynd yn jocôs ar hyd yr Oxford by-pass, aeth yr olwyn 'ma heibio inni fel y gwynt a chyn i ni sylweddoli taw olwyn y treilar wedd hi, miwn â'r injin i'r ffos wrth ochr yr hewl a'r treilar gyda hi. Gan 'i bod hi mor ddiweddar allen ni neud dim ond gadel yr injin yn y fan a'r lle a bennu'r daith. Gyrhaeddon ni 'nôl yn orie mân y bore yn y garafán a threfnu i rywun arall fynd i gasglu'r injin o'r ffos ar bwys Oxford. Dwi'n cofio fel ddo edrych ar bob arwydd i Dad ar y ffordd getre i neud yn siŵr bod ni ar yr hewl iawn.

Yn y diwedd fuodd rhaid inni werthu'r Silver Cloud. Prynwyd hi gan sipsiwn fydde'n dod obiti i chwilio am hen greirie. Torrwyd yr hers yn bishys lan yn Parc y Ffair yn Crymych. Trueni na fyse Dad wedi'i chadw – fydde hi'n werth rhywbeth heddi, dwi'n siŵr, er nad wi'n credu y bydden ni, mwy na fydde Mam, yn gweld 'yn hunan yn dreifo obiti'r lle mewn hers, hyd yn ôd Rolls Royce Silver Cloud.

Paso'r 11+

Os wech chi'n byw yn Crymych ac yn ddigon ffodus i baso'r 11+ mi allech chi naill ai fynd i Ysgol Ramadeg Aberteifi neu i Ysgol Ramadeg Arberth. I Aberteifi es i. Mae'n dipyn o gam i fynd o ysgol fach y wlad gyda Mishtir fel tad i ni gyd a lando yn Ysgol Fowr Aberteifi, gyda Thomas Evans – Twm Pop fel wedd powb yn 'i nabod – yn Brifathro. Ma rhaid i fi gyfadde mod i'n casáu ysgol, er wên i'n ffond o chware hoci i dîm yr ysgol a chanu yn y Côr Madrigal. Y gwersi wedd y broblem gan na wên i'n sgolar o gwbwl.

Fydden ni'n mynd ar y bws ysgol o sgwâr Crymych bob bore a cyrradd 'nôl yn y nos tua pump o'r gloch bob dydd. Un o'r disgyblion ar y bws o Hermon wedd Beti Wyn, mam Rhys Ifans yr actor byd-enwog, a'i brawd Eurig Wyn, sy'n wleidydd amlwg. Erbyn i fi gyrradd yr ysgol ramadeg wedd gwallt cyrliog iawn gyda fi. Nes bo fi'n rhyw saith od fuo fe'n syth fel pocer, ond mae'n debyg fod yr holl saim gŵydd wedd Mam yn rhoi ar fy ngwddwg i, i wella gwddwg tost, wedi neud i'r gwallt ddechre cyrlio. A Eurig Wyn roddodd y llysenw *goliwog* arna i. Sdim rhyfedd mod i wedi treulio amser mawr flynyddoedd wedyn, pan es i i Lunden, yn cael fy ngwallt wedi streitno.

Fydden i byth bron yn dost pan wên i'n tyfu lan. Fel dwedes i, Jo we'r un gwantan yn y teulu y dyddie 'na. Ond os fydden i'n dala annwyd mi ele fe'n syth i'r gwddwg. Felly mi wedodd y doctor y bydde'n werth tynnu'r tonsils mas a gan bod Jo yn dost lot o'r amser mi benderfynodd Mam y bydden ni'n cael 'yn tonsils mas 'run pryd. Gwneud y *job lot* yn ysbyty Hwlffordd: miwn un diwrnod a mas diwrnod nesa. Y dyddie 'ny fydde'r rhieni ddim yn cael aros gyda'r plant ond nath Mam, *true to form*, dipyn o *scene* ac yn y diwedd penderfynodd Matron bod hi'n llai o drafferth i adel iddi aros a chysgu ar soffa yn y *waiting room*. Wedd Dad yn cerdded obeutu a gymron nhw biti drosto fe a chynnig iddo fe gysgu mewn stafell wag yn y Nurses' Home. Y broblem wedd taw dim ond gwag yn ystod y shifft nos wedd hi a gafodd nyrs fach ifanc sioc yn y bore pan aeth hi'n ôl i'w stafell a gweld dyn yn cysgu ar y gwely. Fydde wastad drama pan wedd teulu ni'n neud unrhyw beth.

Peth da wedd byw yn y wlad os wech chi'n mynd i Ysgol Ramadeg Aberteifi y dyddie 'ny, achos fydde Twm Pop yn mynd o gwmpas Aberteifi gyda'r nos i tsheco pwy o'r plant fydde wedi aros miwn i neud 'u gwaith cartref a pwy fydde mas yn chware ar y stryd. Fydde 'na stŵr i rywun bob bore yn Assembly. Wên i'n crynu rhag 'i ofon e yn y blynydde cynnar yn yr ysgol ond wedi i fi ddod i'w nabod e'n well gydag amser ddes i i deimlo'n fwy cartrefol yn 'i gwmni pan wedd e'n dysgu Lladin i ni. Wedd e'n athro da, ond mi fethodd e'n llwyr gyda fi. *Amo, amas, amat* a dim mwy. Sori, Mr Evans.

Yr unig beth gwirioneddol bleserus a hapus dwi'n cofio am yr ysgol wedd neud perfformiad o'r *Gondoliers*. Ges i ran fach, fach i ganu, a diolch i Colin Rowlands, disgybl arall yn yr ysgol, mi ges gopi o'r rhaglen gydag e yn ddiweddar. Gyda llaw, aeth Colin mlân i fod yn ddyn busnes pwysig iawn gyda Dow Corning a dod yn Gyfarwyddwr Ewrop a thrafaelu'r byd. A ma nifer o'r disgyblion wedd yn cymryd rhan yn y *Gondoliers* yn bobol flaenllaw iawn heddi yn y gwaith ddewison nhw. Dyna chi Dic y Fet; Geraint Roberts, ddaeth yn Bennaeth Anaesthetics ac yn Ddeon yn Ysbyty'r Brifysgol yng Nghaerdydd; Granville John sy'n rhedeg cwmni olew Trefigin yn Shir Benfro; a Teifryn Jenkins sy'n Athro Prifysgol, a Glan

Rees, aeth yn brifathro Ysgol Gynradd Tydrath, ac sy'n golffwr heb ei ail – ac ar hyn o bryd yn gapten y Clwb Golff yn Tydrath hefyd!

Fel yn yr eisteddfode lleol, er bod llais Jennifer yn grynedig iawn wedd y gwisgoedd yn bert iawn a, gan mod i'n lico gwisgo lan, unwaith wên i ar y llwyfan mewn costiwm, fydde'r holl brofiad yn un hapus. Fues i'n aelod o gôr madrigal yr ysgol hefyd gyda'n ffrind Wendy Williams o Fwlch-y-groes. Allwch chi weld taw canu aeth â'm sylw i yn hytrach na gwersi.

Dim ond pump Lefel O ges i – a lwcus i gael y rheini, credwch chi fi. Aeth fy ffrind Wendy Williams mlân yn yr ysgol i fod yn *Head Girl*. R'yn ni'n dal yn ffrindie heddi, hithe wedi magu pump o blant, ac yn gwneud gwaith gwirfoddol yn Affrica. Mae hi'n byw 'nôl yn Shir Benfro rhan fwya o'r amser ac ma 'ny'n golygu lot o siarad gyda hi ar y ffôn, i weld beth yw'r tywydd, ac odi hi'n ddigon braf i ddod lawr i'r garafán. 'Ddylet ti fod lawr 'ma heddi, Jen. Mae'n fendigedig.' Jwmpo miwn i'r car a wedyn bant â fi.

Ar ôl cyfnod byr yn y chweched dosbarth yn Ysgol y Preseli yn Crymych yn neud Hanes ac Arlunio, nes i newid fy meddwl. Wên i'n lwcus iawn i gael Aneurin Jones fel athro Arlunio ond allen i ddim tynnu llun anifeilied a bydde Norman Young, fy nghyd-ddisgybl, yn gorfod helpu mas bob tro. Gwrddes i ag Aneurin yn ddiweddar pan fuodd e'n ddigon caredig i roi un o'i ddarlunie i fi ar gyfer raffl i godi arian i Gronfa Achub y Plant yng Nghymru. Buodd Julie, 'i wraig, yn ysgrifenyddes i Twm Pop pan wên i yn Ysgol Ramadeg Aberteifi. Pan es i gydag e mas i'r stiwdio yn 'i getre yn Aberteifi, wedodd e'n dawel bach, 'We gyda ti dipyn bach o dalent, ti'n gwbod Jen, ond wêt ti rhy fishi'n tshaso'r bechgyn!'

Trueni, yntife? Dwi'n dal i ddablo mewn paento heddi – ddim emulsion cofiwch, ond canfas; ond amser sy ishe a dwi'n ddiamynedd iawn, ac yn osgoi tynnu llunie anifeilied!

LLUNDEN AR DDECHRE'R CHWEDEGE

Druan â Mam a Dad; wên nhw ddim cweit yn gwbod beth i neud â fi. Y cyfan wên i isie neud wedd mynd i actio a chanu yn y West End. Ges i afel yn yr ysgol 'ma – yr Italia Conti Stage School yng nghanol Soho yn Llunden. Hales i i 'nôl y *brochure* a dangos i Mam a Dad ac aethon ni lan i Lunden i gael cyfweliad. Wedd y fenyw wedd yn rhedeg yr ysgol yn neis iawn ac yn fodlon fy nghymeryd i ar unwaith ond, gan fod yr ysgol ar fin symud i Clapham, fydde rhaid i fi ffeindio lojins. 'O na! Dyw Jennifer ddim yn cael mynd i lojins yn Clapham,' medde Mam. Dim ond newydd droi un ar bymtheg wên i a'r syniad o fod mas yn Clapham ddim yn apelio ata inne chwaith. A 'na ddiwedd ar fy ngyrfa ar y llwyfan yn y West End. Aeth lot o bobol enwog drwy ddryse Italia Conti – Anthony Newley yn un ohonyn nhw a rhai blynyddodd wedyn es i a'n ffrindie i'w weld e yn *Stop the World I Want to get Off* yn y West End. Buodd e'n briod â Joan Collins am gyfnod hefyd.

Fues i'n meddwl mynd yn *hairdresser* a chal fy nysgu mewn siop yn Tenby. Ond wedd Mam ddim yn rhy ffond o'r teulu fysen ni'n gorfod lojio gyda nhw. Ma rhaid gweud, dwi'n itha da yn trin gwallt, ond mae hi'n wahanol stori i fod yn neud e bob dydd o fore tan nos ac yn gorfod grondo ar gŵynion pob menyw sy'n dod miwn i'r siop. Sai wedi cwrdd ag un fenyw sy'n blesd â'i gwallt erioed ar ôl iddyn nhw wario ffortiwn yn cael y job wedi'i neud.

Deallodd Dad a Mam fod rhaid gwneud rhywbeth i roi cyfeiriad newydd i Jennifer. Wên i ddim yn awyddus i aros yn ysgol Crymych a gwneud Lefel A a dilyn gyrfa fel athrawes neu

49

rywbeth call felly. Wedd merch i ffrind iddyn nhw o Gaerfyrddin, merch D. C. Williams y llawfeddyg (fe dynnodd e 'yn apendics i mas yn Ysbyty Aberteifi pan wên i'n dair ar ddeg), yn mynd i St Godric's yn Hampstead yn Llunden i ddysgu bod yn ysgrifenyddes ac yn gwneud Finishing Course hefyd fydde'n golygu dwy flynedd. 'Let her go,' medde Mrs DC, 'it will do her the world of good.' Ro'n i'n siŵr y bydde fe – ond wnaeth e ddim llawer o les i fanc balans Dad!

Mynd wnes i beth bynnag a nawr wi'n gallu teipo'r llyfyr 'ma ffwl pelt, diolch i St. Godric's. Bydde Dad yn browd.

CYSTADLEUETH MISS NORVIC

Cyn symud lan i Lunden wên i wedi treial cystadleueth Miss Norvic Teenager of the Year. Es i drwy'r rowndie cynnar yng Nghaerdydd a Bryste a chyrradd y ffeinal yng Ngwesty'r Mayfair yn Llunden. Wedd hwn yn digwydd yr wthnos gynta yn St Godric's. Gorfod cael caniatâd wedyn i aros miwn gwesty gyda Mam a Dad tra bydde'r gystadleueth yn digwydd. Wrth gwrs, daeth llond bỳs o gefnogwyr lan o Crymych, bỳs Jones Central Garage. Ges i'r fath sioc ynghanol yr holl fwrlwm yn y Mayfair i weld wynebe cyfarwydd ac annwyl o Crymych.

Dwi'n cofio Dad yn dod miwn gyda Mam i'r gwesty ac edrych obiti a gweld y ferch bert 'ma, 'Wel, Lol, ma hon yn mynd i roi dipyn o *run* i Jen.' Fel wedd hi'n digwydd, Katie Boyle wedd hi, un o'r beirnied, a'r beirnied erill wedd Evelyn Laye, yr actores enwog, rhywun o Ysgol Fodelu Lucie Clayton, a Jess Conrad, y canwr pop. Wedd e'n debyg iawn i'r holl raglenni cystadlu 'ma sy ganddyn nhw ar y teledu y dyddie hyn.

Daeth y merched o bob cwr o Bryden a sai'n cofio'n union faint ohonon ni gyrhaeddodd y ffeinal – rhyw chwech ar hugen, dwi'n credu. Wel, wên i'n ddigon lwcus i ennill a ges i wobr o un ar hugen o bare o sgidie gan Norvic (fel byddech chi'n dishgwl, gan ma nhw wedd yn noddi'r gystadleueth), cwrs modelu yn Lucie Clayton a *photo shoot*, o ie a can punt o siârs yn Norvic! Ar ôl y gystadleueth nath Katie Boyle gynnig unrhyw help i mi os wên i ishe mynd i weitho yn y BBC yn Llunden.

Mi es i weld rhai o'r bobol yn Shepherd's Bush a wedon nhw mod i mor ifanc fydden'n beth da i fi gael mwy o brofiad bywyd, 'Go out into the world and get as much experience as you can, then come back and see us'. Es i byth yn ôl.

Y rhan fwyaf cyffrous o'r wobr wedd y cyfle i fynd am *photo shoot* i fynd ar glawr *Woman's Own*, ac ma'r cylchgrawn hwnnw'n dal i fynd heddi. Off â fi i'r swyddfeydd i dynnu'r llunie ac yno'n ishte yn aros 'i thro wedd Una Stubbs yr actores. Dechre sgwrsio ar unwaith, a chal sgwrs hir cyn inni gael 'yn galw miwn un ar y tro am y *test* 'ma.

Wnes i sylweddoli bod ddim lifft gyda fi 'nôl i Hampstead a chynigodd Una fynd â fi, gan 'i bod hi'n byw yn agos i'n stafell i yn Lyndhurst Road. Mae'n berson hawddgar iawn, ac wedd hi'n gweud wrtha i fod hi'n lico gweu, yn enwedig wrth hongian obiti adeg ffilmo. Fuodd hi yn y ffilm 'na gyda Cliff Richard, *Summer Holiday*.

Beth bynnag, canlyniad y *photo shoot* wedd taw Una Stubbs gas neud y clawr ar *Woman's Own*. Wên ni tamed bach yn siomedig, ond o leia mi gwrddes i berson ffein iawn ac fe ges i gwrdd â ffotograffydd arall wedd yn gweitho i *Vogue*. Digwyddodd hyn pan wên i'n byw yn Dolphin Square. Nath e, Ray Rathbone, ddod i'r fflat i dynnu llunie, rhai tu fiwn a rhai tu fas ar yr Embankment. Ges i byth fynd ar glawr *Vogue*, ond ma'r llun 'da fi o hyd. Wnes i rannu'r sgidie gyda fy ffrindie yn St Godric's; gadwes i rhyw dri pâr, os dwi'n cofio'n iawn.

Ar ôl ennill a chyrradd getre am wylie ges i sioc arall yn dod miwn i'r pentre yn y car 'da Dad. Sdim dowt wedd Mam wedi bod wrthi'n trefnu pawb, a weles i'r fflags yn hongian ym mhobman a llond y tŷ yn Broseli o bobol y pentre i gyd yn dathlu. Wna i byth anghofio'r croeso ges i y noswaith honno tra fydda i byw.

Ac mi wnes i'r cwrs modelu anfarwol 'ma yn Lucie Clayton. Cwrs chwe wthnos ac wên i'n gorfod 'i neud e gyda'r nos achos mod i'n dysgu teipo a llaw-fer yn St Godric's yn ystod y dydd. Dwi'n cofio diwrnod ola'r cwrs pan wên i'n gorfod parado o flaen y rheolwr, Mr Kark. Nath e dynnu fi'n rhacs. 'My dear you have a long body with short legs – you'll never make a model.' Sylweddolodd e ddim beth yw siâp traddodiadol y ferch Gymreig. Dyna wedai Richard Burton am Elizabeth Taylor, fod gyda hi gorff Cymreig. Dyna ddiwedd 'y ngyrfa modelu i ond wedd e'n brofiad na fydden i byth wedi 'i golli. Rhaid wastad mynd gyda siâp y corff ac wdw i ddim y siâp reit i fod yn fodel nag yn *ballet dancer*.

Rhannai stiwdents St Godric's yn ddou. Un wedd y merched fydde'n gwneud cwrs un flwyddyn yn dysgu teipo a *shorthand* a'r llall y merched fydde'n gwneud *Finishing Course* yn yr ail flwyddyn yn teipo, cyflymu llaw-fer, *book-keeping* a 'polishing off' fel bydden nhw'n gweud. Yr un motto wedd gyda ni waeth pa mor hir wên ni'n aros yno: 'By their fruits ye shall know them'. Wnes i byth weitho hwnna mas, ond 'na fe!

Wnes i byth ddod i ben chwaith â'r *book-keeping*; sai'n gwbod pam, ond wedodd fy ffrind Dawn o Belize wrtha i, 'Jen, just copy me and you'll be OK'. Diolch i Dawn, wnes i baso'r *book-keeping*. Mae hi'n byw yn Canada nawr ac 'yn ni'n dal i gysylltu. Aeth hi i nyrso a sai'n credu 'i bod hi wedi defnyddio'r *shorthand* o gwbwl.

Fuodd 'na fenyw, Lady Clifford, yn dod i roi gwersi i ni ar shwt i baratoi croeso a gosod y ford ac yn y blaen. Mae'n siŵr bod hi'n dishgwl i ni gyd briodi Dukes o leia.

Gawson ni dipyn o sgandal y flwyddyn honno gydag un o'r merched yn dishgwl babi, a dwi'n meddwl taw un o'r *vets* o'r coleg lawr yr hewl odd y tad. O leia mi nath hi gwblhau'r cwrs ond wên ni gyd yn meddwl 'i bod hi'n ddewr iawn yn dod i'r gwersi. Er bod 'i thad yn neud rhywbeth gyda Rolls Royce wedes i ddim wrtho fe bod gyda Dad hers Rolls Royce . . .

Dreulies i'r flwyddyn gynta o dan ofal warden, menyw hyfryd o'r enw Miss Barnes, ond wedd gyda hi assistant, merch ifanc wedi neud 'i gradd ac ond yna am flwyddyn i'w helpu hi gyda'r merched yn y tŷ. Y drefen wedd fod rhaid ichi seino mas a miwn os byddech chi'n cael gwahoddiad i fynd mas am nosweth i'r sinema, neu'r theatr, neu bant am y penwthnos. Unwaith daeth hen gariad i mi, stiwdent deintyddieth yn Llunden, i fynd â fi 'dag e i'r theatr yn y West End. Popeth yn iawn, seino mas a gobeitho bod 'nôl miwn cyn un ar ddeg. Yn anffodus, wedd y theatr yn hwyr yn bennu a'r tiwb ola wedi mynd am Hampstead. Panics mowr wedyn – gorfod dala tacsi, a thalu ffortiwn a 'nôl â'r ddou ohonom i wynebu'r *assistant warden*. Wel am row, fydden i byth wedi cael stŵr 'da Miss Barnes, ond hon wedd ar ddyletswydd y noson arbennig 'ma. Es i ddim mas am sbel wedi 'ny a phan wên i'n mynd mas, fydden i'n gofalu taw Miss Barnes wedd ar ddyletswydd.

Fydde dim gobeth caneri i fi fforddio rhedeg car yn Llunden ond mi benderfynes i ddysgu dreifo a finne wedi cyrradd dwy ar bymtheg. Dad yn meddwl fod hyn yn syniad da, beth bynnag a bant â fi i Golders Green am wersi. Dwi'n siŵr mod i wedi cael digon o wersi i fforddio prynu car newy'! Wedd *dual controls* gyda'r hyfforddwr, a diolch byth am 'ny achos yn ystod un wers bu bron i fi redeg dros rywun ar y *zebra crossing* – a ffeindio mas wedyn taw Alfie Bass, yr actor, wedd e. Gobeitho fod digon o *sense of humour* 'dag e – gymerodd e ran yn y ffilmie *Carry On*!

Ges i neb yn y teulu i gredu y bydden i'n paso'r test. 'Paid â becso,' medde Dad, 'gei di dreial 'to yn Aberteifi os ffaeli di.' Nath 'ny fi'n fwy penderfynol o baso ac ar ddiwrnod o wanwyn yn Golders Green nath yr arholwr weud, 'I'm very happy to tell you, Miss Jones, that you have passed'. Allen i fod wedi'i gusanu fe, wên i mor hapus. I ddathlu, wên i wedi ffansïo ffrog fach bert mewn ffenest siop ar y ffordd i'r prawf. Es i 'nôl ar unwaith a'i phrynu! Mae'n deimlad grêt i baso'r test on'd yw hi, yn enwedig i ferch? Dwi'n cofio Sara'n paso a theimlo mor falch drosti. Yn ôl 'i thad-cu, Sara wedd y gyrrwr gore yn y teulu. Fydde Euryn a Rhod a mrawd yn mynd yn llawer rhy glou, medde fe. A finne? Wel, cyfan weda i yw, sai'n credu allen i ddreifo yn Llunden heddi o gwbwl.

Wên i'n hoff iawn o ganu a benderfynes i fynd draw i St John's Wood i gael gwersi canu pop gyda rhywun fu, yn ôl pob sôn, yn rhoi gwersi i Cliff Richard. Nath e'n olreit ond 'nes i ddim para'n hir gyda'r gwersi, wên i ishe torri record ar unwaith. Ond pan wedd Helen Shapiro yn mynd i'r un lle ac yn dechre neud enw iddi'i hun, i gefen y ciw es i. Allen i ddim deall pam na fydden i'n gallu neud record hyd yn ôd gyda llais bach. Fydde'r meicroffon yn cuddio 'ny a bydde fe'n wahanol i ganu ar lwyfan steddfod. Aeth lot o flynydde heibio cyn i fi gael y cyfle i neud 'ny.

Ar ôl blwyddyn o dan ofal y warden yn 25 Lyndhurst Road yn Hampstead, nath tair ohonon ni benderfynu symud mas i fflat, fel 'ych chi'n neud, yntife? Judith, merch y dyn nath dynnu'n apendics i; Lari, llys-ferch y datblygwr Sir Richard Costain, a fi. Gethon ni rentu fflat Uncle Dick, fel wên ni'n galw Sir Richard, yn Dolphin Square am bris isel iawn – naw punt yr wthnos – gan na fydden nhw'n 'i defnyddio ond ambell waith i ddod lan o Surrey i'r theatr. Ond rodd naw punt yn teimlo'n itha drud i dair stiwdent 'nôl yn 1963. Wel am swanc, ond fydde'r daith lan i Hampstead yn cymryd rhyw awr i ni bob bore ar y bỳs, No 24, a bron yn mynd â ni drwy ganol Llunden. Wnes i erioed gwyno am 'ny achos wedd y trip yn werth pob munud er mwyn cael byw mewn fflat mor *posh.*

Ffaeles i'n deg â chredu fod Uncle Dick wedi adeiladu Dolphin Square – y bloc o fflatie mwya yn Ewrop ar y pryd; brics coch i gyd, pwll nofio a lle bwyta pum seren, y Dolphin Restaurant, yn rhan o'r complecs. Es i 'nôl i aros 'na'n ddiweddar gyda'n ffrind Elin, pan aethon ni i weld Mathew Rhys yn *Romeo and Juliet.* Yn anffodus, wnes i fyta sandwich bacwn ar y trên ar y ffordd lan a fues i'n itha tost. Yn y Stalls wên ni'n ishte, a dwi'n cofio'r poene ofnadw; wedyn daeth rhywun i ishte drws nesa a rhoi 'i crash helmet ar y llawr – rhaid bod e wedi dod ar 'i feic i'r theatr. Shwt allen i fynd mas yn glou pe bai rhaid a'r boi 'ma drws nesa yn rhwystro fi gyda'i helmet? Beth bynnag, cawsom berfformiad gwych a Mathew yn arbennig, ond sa i erioed wedi ishte mewn theatr yn teimlo mor sâl.

'Nôl wedyn i Dolphin Square lle brynes i lyfryn bach yn rhoi hanes y lle drwy'r blynydde. Ma 'na hanes rhyfedd i'r lle, yn enwedig yn ystod y rhyfel, pan drawyd y lle gan fom a malu un rhan yn bishys. Heddi ma nifer o Aelode Seneddol yn rhentu fflatie 'na. Galwyd pob tŷ yn Dolphin ar ôl Sea Admiral. Wên ni ein tair yn byw yn 904 Drake House, y *penthouse* i ddechre ac wedyn symudon ni draw i 304 Beatty – sai'n cofio'r enwe i gyd; wedd cymaint ohonyn nhw! Fuodd mam-gu Lari'n byw yn y fflat o dan 904 Drake House a wedd hi'n gyfrifol am gadw llygad arnon ni. Cocni â chymeriad i fatsho wedd hi, a dwi'n 'i gweld hi nawr yn porthi a gweud y drefen. Fydde hi'n codi ofon ar y tair ohonon ni, a wedd 'ny'n beth da iawn o edrych yn ôl achos bod ni'n tair mor ifanc a diniwed. Wedd Effie yn gymeriad go iawn ynghanol byd llawn o bobol od a bywyde artiffisial.

Tra bo rhywun yn 'i arddege ma nifer o wahanol fudiade yn dylanwadu ar rywun. A dyna fel wedd hi arna i yn Llunden. Ar un llaw wên i wrth fy modd gyda'r holl razzmatazz ond, ar y llaw arall, mi ges i 'nhynnu miwn i rywbeth dyfnach a hollol wahanol, sef Moral Re-Armament (MRA). Mi ddes i'n ffrindie arbennig gyda dwy ferch, Jane o Canada a Phyllida o Dde Affrig. Yn fisol wedd 'na swper yn un o dai crand Eton Square gan y mudiad. Un tro mi ddoth llond trên o bobol lan i Lunden o Gymru a dwi'n cofio mynd i Paddington i gwrdd â nhw. Dod lan wên nhw i weld perfformiad o ddrama arbennig yn ymwneud â'r mudiad.

Nawr mi ges i 'nylanwadu'n fowr gan y ffrindie a'r ddrama ond rhywffordd neu gili wên i ddim yn gweld fy hunan fel cenhades i'r mudiad chwaith. Am un peth wên nhw ddim yn gwisgo colur, a gan mod i'n itha ffond o *lipstick* a'n wìg ac ati mi ffeindies i bethe'n anodd. O leia mi dreies i am wthnos gyfan. Wedd Lari a Doods, fy ffrindie o'r fflat yn Dolphin Square, yn meddwl mod i wedi mynd dros ben llestri. 'What's got into you, Jen? You don't seem the jolly Jen any more.' Wedd rhaid gweud wrth Jane a Phyllida na wedd MRA ddim i fi, a 'nes i ddim ymuno â'r mudiad yn y pen draw.

Wedd bywyd yn fêl a digon o hwyl a sbri, yn enwedig yng nghwmni un ffrind arbennig imi, Shona Smith Carrington. Wedd Shona yn berson cymdeithasol iawn ac yn hoff iawn o fynd i *cocktail parties* ac ati. Un tro mi ges wahoddiad gyda hi i fynd i'r Pitt Club Ball yng Nghaergrawnt – wên i erioed wedi clywed am y fath bethe yn Crymych. Gan fod rhan fwya o'n ffrogie addas i 'nôl getre, ges i fenthyg un gan Shona i fynd, a'r ddwy ohonom yn aros yn y Garden Hotel, gwesty moethus iawn yng Nghaegrawnt. Wel, am nosweth! Yr adloniant yn y Pitt Club ar y noson arbennig 'ma wedd Lance Percival o *That Was the Week that Was* a rhaid gweud fod 'i ganeuon e y nosweth 'ny rhywfaint mwy coch nag ar y bocs.

Cael lifft 'nôl y diwrnod wedyn i Lunden gan Richard Wrottesley yn 'i E-Type Jag. Wel, wên i wedi arfer getre â'r hers a *flying banana* Dad ond ddim byd tebyg i hyn. Person hunanol iawn wedd Richard ac yn credu fod 'i gar e yn well na char neb arall. Pan gyrhaeddon ni jyst tu fas i'r Ritz, yn Llunden, dyma ferch bert yn tynnu lan wrth y goleuade a hithe hefyd mewn E-Type. Dyma Richard yn rhoi 'i droed lawr a'r ddou yn cael ras drwy strydoedd Llunden, finne'n sgrechen nerth fy mhen i weud wrtho am arafu, ond sai'n credu 'i fod e wedi clywed gan mor benderfynol wedd e o ennill y ras yn erbyn y fenyw. Yn y diwedd fe wnaeth e ennill a stopo'r car, ond wên inne mor wyn â'r galchen. Clywais gan Shona rai blynyddodd wedyn fod Richard wedi cael 'i ladd mewn damwain car. Druan ohono; ond fues i'n lwcus dros ben i ddianc!

Mi ges i wahoddiad arall i Gaergrawnt, y tro hwn i'r May Ball. Mynd gyda Lari o'r fflat, merch Yncl Dick, wnes i. Wedd hi'n itha ffond o un o'r bechgyn yng ngholeg Sydney Sussex lle mae pen Oliver Cromwell wedi'i gladdu yn y gerddi. Y tro 'ma mi ges i fy ffrog fy hunan i'w gwisgo, gan fod hon yn noson fowr iawn. Wên i wedi bod ar un o'r *outings* gyda St Godric's i weld sioe ffasiwn grand iawn yn Harrods ac wedi cwympo mewn cariad ag un ffrog arbennig. Alla i 'i gweld hi nawr; lliw glas gole *aquamarine* a *rhinestones* bach dros y bodis, a dwi'n cofio'r pris – 24 gini. Wedd hyn yn arian mowr yr adeg 'ny a ffonies i Mam ond wedd hi ddim yn fodlon iawn i brynu'r ffrog 'ma i fi. 'Gaf i air 'da Dad,' medde hi. Ond sai'n credu wedd Dad yn fodlon o gwbwl chwaith. Yn y diwedd, mi lwyddes i'w perswadio nhw a chal y ffrog a'i gwisgo i'r ddawns yng Nghaergrawnt. Fy mhartner am y noson wedd Russell Kyle, bachgen ifanc barfog. Wên i ddim yn siŵr mod i'n 'i lico fe o gwbwl. Fe wedd yn gyfrifol am dalu'r band ar ddiwedd y noson ond, ar ôl canol nos, agorwyd dryse'r colege i gyd i bawb fynd obiti'r lle, ac anghofiodd Russell y cyfan am y band; bant â ni obiti'r colege erill ac yfed mwy a mwy o siampên. Erbyn cyrradd 'nôl i Sydney Sussex wedd hi'n siŵr o fod sha pedwar o'r gloch y bore a dyna lle wedd y band ishe cael 'u talu, wedi bod yn aros am rai orie, weden ni!

'Ych chi'n cofio Juke Box Jury ar y teledu, gyda rhes o selebs yn barnu'r records diweddara a rheithgor arall yn y gynulleidfa? Rhyw ffordd neu gili ges i a Shona wahoddiad i fynd i'r gynulleidfa. David Jacobs wedd wrth y llyw, a dyma nhw'n cymryd *close-up* o Shona yn ystod y rhaglen – wedd hi'n ferch hynod o *photogenic*. Ar ôl y rhaglen dyma David Jacobs yn dod draw at y ddwy ohonom a gofyn i Shona, 'Have you ever thought of going into TV?' Yr wthnos ar ôl 'ny wedd rhyw gyfarwyddwr ffilm wedi gweld Shona ar y rhaglen, a gweld 'i llun hi yn y papure hefyd. Gofynnodd y cyfarwyddwr iddi ddod am brawf sgrîn a buodd 'na gynnwrf mowr yn St Godric's. Aeth Shona ddim, ond tase hi wedi mynd, falle bydde hi mas yn Hollywood erbyn heddi, yn lle byw tu fas i Leicester.

Wrth weld llunie o'r Tywysog William yn Sandhurst yn ddiweddar yn 'i *passing out parade* aeth e â fi 'nôl i'r amser ges i fynd draw i Sandhurst, ac ishte yn y glaw ar y teras gyda mam a thad y bachgen ofynnodd i fi ddod i weld y seremoni. Y noson honno wedd 'na ddawns fowr i ddathlu a Prince Michael of Kent hefyd yn yr un seremoni *passing out*. Mi ges i ffrog arall ar gyfer y nosweth arbennig 'na. Wedd Lari wedi cymryd ffansi at y ffrog *aquamarine* o Harrods a nethon ni drwco ffrogie. Ges i'r un binc satin odd gyda hi a plu *boa* dros y top; wedd rhan fwya o'n ffrogie ni y dyddie 'na yn *strapless* – rhyfedd fel ma ffasiwn yn troi mewn cylch ac ma'r steil 'na'n dod 'nôl nawr – ac mi gath hi'n ffrog *aquamarine* i. Pam nethon ni drwco, sai'n gwbod achos y ffrog honno wedd fy ffefryn ond 'na fe, fydde'r un o'r ddwy yn ffito fi nawr, ta beth!

Yn y chwedege yn Llunden y ffasiwn roddodd y ddinas ar y map – prifddinas ffasiwn y byd; 'na chi beth mowr. Wên ni i gyd yn ferched yn ein harddege ac yn treial ein gore i gadw mewn steil. Wedd Carnaby Street wrth gefen Regent Street yn enwog drwy'r byd a'r steilie gwallt yn cael 'u rheoli gan bobol fel Mary Quant a Vidal Sassoon. Fe greodd y steil arbennig *rectangular* 'ma, i fenywod â gwallt heb gyrls. Nawr, er mod i wedi symud o'r niwl a'r glaw mân yn Crymych i dywydd sychach Llunden, allen i ddim cael gwared o'r cyrls. Ond er mwyn bod yn ffasiynol, es i gael e wedi i streitno – proses hir ond effeithiol iawn dros dro. Ar ôl peth amser mi fydde'r gwallt syth yn tyfu mas a'r cyrls yn dod 'nôl. Dwi'n cofio mynd i salon Sassoon yn Llunden a Vidal 'i hunan yn gweud wrtha i, 'My dear, you have very wavy hair, so we must keep it like that.' Wel, gan bod Vidal yn gweud, bydde fe'n sili i beido gwrando. Wnes i ymateb yn aeddfed iawn a mynd mas ar unwaith i brynu wìg blond. Wir, wên i'n meddwl mod i'n rhyfeddol o ffasiynol yn y wìg 'ma a dim cyrlen i'w gweld. Unwaith ces i wìg, es i am y *false eyelashes* hefyd ac wên i'n 'u gwisgo nhw bron bob dydd. Wên nhw ddim mor ymarferol â'r wìg achos wên nhw'n tueddu i gwmpo lawr y toilet wrth 'u gosod nhw dros y llyged.

Un tro pan ddaeth Dad i stesion Abertawe i gwrdd â fi gatre am wylie nath e gerdded reit heibo fi. Finne wedi gwisgo'r wìg a'r *false eyelashes* ac yn meddwl bod fi'n biwtiffwl a dyma fi'n galw ar 'i ôl e. 'Ma fe'n cymryd un olwg arna i ac yn gweud, 'Jen, tyn y pethe 'na bant ar unwaith, beth wyt ti'n edrych fel?' Dethon nhw bant cyn cyrradd Crymych.

Daeth y ddwy flynedd i ben yn glou iawn ac wedd rhaid dechre meddwl chwilio am waith. Wên i am aros yn Llunden achos bod e'n gyffrous iawn i bobol ifanc a chymaint o'n ffrindie fi'n aros yno. Peth anodd iawn i fi, wedi teimlo'n saff o fewn walie St Godric's am gyhyd, wedd mynd i'r byd real. Fydde pob un o'r merched yn mynd am gymaint o gyfweliade mor glou ag y gallen nhw, ac un ar ôl y llall wên nhw'n cael swydd; rhai yn cael swyddi arbennig o uchel. Gafodd Lari swydd gyda London Artists, asianteth i actorion fydde'n gofalu am Sir Laurence Olivier a mawrion erill y theatr a'r ffilmie. Benderfynes i beidio â chael swydd ysgrifenyddes o gwbwl a mynd i weitho tu ôl i'r cownter yn siop Jaeger yn Regent Street.

Wi'n credu fod Mam a Dad damed bach yn siomedig gan mod i wedi hala cymaint o amser ac arian yn hyfforddi gyda'r teipo a'r llaw-fer. Beth bynnag, credai Mrs Potter, pennaeth personél yn Jaeger – menyw dal, dene – y byse fe'n beth da imi hyfforddi i fod yn brynwr. Felly, dechre ar y gwaelod ar y bar *cashmere* a gweitho'n ffordd lan. Sai'n gwbod sawl *twinset cashmere* wnes i werthu i'r Americanwyr fydde'n tyrru i Lunden y dyddie 'ny – rhai'n dangos llunie o'u gwrage, chwiorydd, cariadon, antis ac ati a dishgwl i fi wbod y seisis wrth y llunie! Bydden nhw'n talu 19 gini am *twinset* y dyddie 'ny, ond mi fydde rhai o'r Americanwyr yn prynu rhyw beder ohonyn nhw ar y tro i fynd adre fel presante – ac wedyn rhaid wedd cael set o berle i fynd gyda nhw!

Symudodd Mrs Potter fi wedyn lawr i siop newy Jaeger yn King's Road, Chelsea. Wedd iwnifform gwahanol a siampên ymhobman i ddathlu agor y siop. Wên i'n anhapus iawn y diwrnod cynta 'na a benderfynais yn y fan a'r lle taw ddim *buyer* wên i ishe bod o gwbwl. Wydden i ddim beth arall wên i am fod ond yn bendant ddim prynu dillad yn Jaeger wedd e. Lan â fi at Mrs Potter a gweud wrthi mod i wedi neud camgymeriad ofnadw a fydde rhaid i fi fynd a gadel Jaeger. Ges i'r fath lond pen a stŵr ganddi, ond bant â fi a rhoi'r iwnifform 'nôl i un o'r merched a mas o'r siop am byth! Llefen yr holl ffordd 'nôl i Dolphin Square, nawr heb swydd na dim syniad beth we'n dod nesa.

Fel digwyddodd hi, gadawodd un o'r merched 'i swydd yn yr asianteth lle'r aeth Lari i weitho y diwrnod hwnnw hefyd ac wên nhw'n chwilio am rywun arall yn syth. Wên i 'na y diwrnod wedyn, yn cael cyfweliad gyda Miss Harding, cyfarwyddwr yr asianteth a, wir, weithodd pethe'n dda oherwydd dechreues i weitho i Mr Kenneth Carten yr wthnos ganlynol. Gŵr hynod o nerfus yn byw gyda'i barrot yn Brighton wedd Mr Carten. Y cyfan fydde'n 'i boeni wedd bod 'i bensils yn cael 'u sharpno bob bore a bod y llythyre'n weddol daclus. Mi fydden i'n gorfod bod yn barod i siarad â'r actorion gan gynnwys Larry, fel wedd e'n galw Sir Laurence Olivier. Mi fydde Mr Carten yn siarad lot hefyd gyda Dino de Laurentis yn Rhufen. Mae'n siŵr fod sawl *film deal* wedi cael 'u neud dros y ffôn gyda Dino.

Ar ôl rhyw wthnos yn yr asianteth galwodd Mr Carten fi miwn i'w swyddfa; wên ni'r merched mewn *pool* ar dop yr adeilad. Medde fe, 'Well, Jennifer, you seem to be settling and we seem to understand each other. You do make a few typing errors but I'm sure you can improve with time.' Felly, dyna fi mewn swydd iawn. Fel rhan o'r gwaith fydden i'n gorfod treulio sbel ar y switsfwrdd ffôn ynghanol cannoedd o wifre. Dyma'r lle pwysicaf yn yr asianteth gan taw dyma sut y bydde'r artist yn cael 'i gysylltu â'r asiant iawn. Dim ond unwaith ges i'r pleser o weitho'r switsfwrdd. Dwi'n ofni nes i golli leins a chysylltu'r bobol anghywir â'r asiant anghywir ac mi benderfynon nhw fod yna bethe gwell i fi neud na pheryglu dyfodol London Artists wrth roi Larry neu Dino drwodd i'r person rong!

Yn y diwedd mi ddes i'n hoff iawn o Mr Carten ac wên i'n fwy o gynorthwy-ydd personol iddo fe nag ysgrifenyddes ac yn cael cyfle i fynd mas ar negeseuon pwysig fel mynd â'i *lighter* e i Aspreys lawr y ffordd yn Bond Street i gael 'i drwsio. Fel gallwch ddychmygu, yn y fath yna o fusnes wedd pawb yn smoco ffwl pelt. Pan adawes i London Artists a dod 'nôl i Gymru nath e sgrifennu llythyr arbennig o neis ata i. Ma Ken Griffith, sy'n byw nawr yn Llandeilo, yn cofio'r bobol 'ma i gyd gan 'i fod wedi bod yn gweitho yn London Management yn Llunden ar ôl i fi adel London Artists. Wên ni'n dou yn cael lot o sbort yn trwco hanesion o'r asiantaethe.

Ma 'na un digwyddiad pwysig fu'n allweddol i weddill fy mywyd pan wên i'n gweitho yn Jaeger. Fel ma unrhyw un sy wedi gweitho mewn siop fowr yn gwbod, ma *sales* mis Ionawr yn bwysig iawn. Bydde'n amhosibl i mi gael amser bant i fynd getre i Grymych dros y Nadolig, ac eto wên i ishe hala'r Nadolig gyda Mam, Dad a Jo mrawd a nhwthe am 'i dreulio gyda fi. Lan â nhw i Lunden am y Nadolig ac aros yn y St Ermins, gwesty lawr yr hewl o Westminster Abbey a groes yr hewl i New Scotland Yard. Un nosweth tra wên ni yn y gwesty a Mam a Dad yn dal i fyta wrth y ford aeth Jo a fi i weld rhywbeth ar y teledu yn y lolfa. Y tu ôl i ni hefyd yn edrych ar yr un rhaglen welson ni ferch bert yn ishte gyda'i mam. Dyma'r ferch yn troi ata i a gofyn,

'Dim merch Jack Jones Crymych 'ych chi, ife?'

'Wel, ie,' wedes i, 'a pwy 'ych chi?'

'O, Margaret Elin Griffiths ydw i; o'n i a Mam arfer byw drws nesa i'ch mam a'ch tad yn Llandybïe.'

Wel fuodd 'na hen siarad rhwng pawb. Wedd Margaret, mae'n debyg, yn gweitho ym myd teledu 'nôl yng Nghymru gyda TWW. Nawr ac er mod i'n hoff iawn o weitho yn Llunden, wên i ishe mynd 'nôl i Gymru rywbryd ac wên i'n dal â diddordeb mowr i fynd i weitho i fyd y teledu.

Trefnodd Margaret i fi ddod lawr i Gaerdydd i weld Dorothy Williams, Prif Gynhyrchydd Rhaglenni Cymraeg y cwmni a Wyn Roberts, Pennaeth Rhaglenni'r cwmni. Ac mewn byr o amser, daeth swydd lan yn stiwdio Pontcanna a ddes i 'nôl i Gaerdydd i weitho yn TWW.

CAERDYDD YN Y CHWEDEGE

Daeth Mam a Dad â fi i'r stiwdios yng Nghaerdydd i gwrdd ag Owen Roberts, fydde'n cynhyrchu'r rhaglen wên nhw am i mi 'i chyflwyno – rhaglen fach i blant, a fi'n gorfod cyflwyno rhwng darne ffilm o gartwne Walt Disney. Wên i'n gorfod darllen *autocue*, y peiriant 'na wên i wedi'i weld o'r blân, yn cael 'i weitho gan un o'r *riggers*, Roy Ely. Fydde'r *autocue* henffasiwn yn defnyddio rholyn hir o bapur melyn a phopeth wedi'i deipo arno fe, ac mi fydde fe'n symud naill ai'n glou neu'n araf, yn dibynnu pa mor glou wên i'n siarad. Rhywffordd neu gili ddes i ben â neud y rhaglenni.

Dwi'n cofio gwisgo ffrog werdd sidan. Ar ôl bennu'r recordio mi ddaeth Wyn Roberts i'm gweld a gweud 'i fod e wedi'i blesio. 'Sticia di o gwmpas, cariad,' medde Wyn. A dyna be wnes i, 'sticio o gwmpas' am flynydde.

Aeth Mam a Dad â fi am drip rownd Caerdydd, wedd yn eithaf dierth i fi ond yn gyfarwydd iawn iddyn nhw. Ar ôl cerdded ar hyd Queen Street a St Mary Street, dyma fi'n gofyn, 'Lle ma'r strydoedd erill?' 'Wel dyma nhw!' medde Dad.

Dod o hyd i le i fyw ar unwaith wedd y peth cyntaf. Welson ni fflat yn Cathedral Road, ail lawr a hwnnw yn drewi o leithder; tipyn o newid o Dolphin Square! Dyma rentu'r fflat a symud miwn. Dwi'n cofio ishte yn y ffenest yr wthnos gynta yng Nghaerdydd yn edrych ar y ceir yn mynd lan a lawr Cathedral Road ac isie mynd 'nôl i Lunden. Feddylies i byth y bydden i'n setlo lawr. Ond setlo wnes i, a dyma gyfnod newydd yn dechre yn fy mywyd. Peder ar bymtheg wên i.

Ces i gynnig gwaith yn TWW a dyma pryd y daeth profiad

St Godrics yn handi. Dim swyddi cyflwyno llawn amser fydde'r drefen y dyddie 'ny, ond wedd Owen Roberts angen ysgrifenyddes i ddechre ar fenter newydd. Rhaglen ddyddiol *Y Dydd* wedd y fenter honno, i ddechre ym mis Awst 1964, ac Owen fydde'r cynhyrchydd. Ar y cyntaf o Fehefin 1964, dechreues i weitho fel ysgrifenyddes i Owen. Wedd e'n yn briod ag Ann Clwyd, a hyd yn oed yn y dyddie 'ny mi fydde'n hawdd gweld 'i diddoreb mowr hi mewn gwleidyddieth. Dechreuodd merch ifanc arall yr un diwrnod â fi, Shân Harries o Landeilo, hithe hefyd wedi bod yn St Godric's ac, ar ôl bod yn y BBC yng Nghaerdydd am gyfnod, wedi symud draw i TWW. 'Yn ni wedi bod yn ffrindie ers 'ny a'r plant wedi tyfu lan gyda'i gili.

Wedd yr adeg 'na yn TWW yn amser cyffrous iawn, a theledu yng Nghymru yn 'i phlentyndod, fel petai. Bach iawn o amser roddid yn yr amserlen i raglenni Cymraeg ac yn ystod y prynhawn y bydde hwnnw. Adeiladwyd y stiwdios yn Pontcanna o gwmpas hen ffermdy ac mi fydde pawb, yn staff a rheolwyr, yn gweitho'n agos iawn at 'i gili. Yn wahanol i'r BBC, wedd dim 'trydydd llawr' yn TWW, ond wedd rheolwyr arbennig iawn 'run peth. Yn 1958 y cychwynnodd yr orsaf a dyn mowr, Peter Bartholomew, wedd y Cyfarwyddwr Rheoli, gyda Wyn Roberts yn Bennaeth Rhaglenni, Mike Towers yn Bennaeth Rhaglenni Saesneg a Dorothy Williams yn Bennaeth Rhaglenni Cymraeg. Dot fydde pawb yn 'i galw hi ac er nag yw hi ddim gyda ni bellach, ma nifer fowr o ferched Cymru sy wedi gwneud marc yn y diwydiant yn ddyledus i Dot. Dyma un o anwyliaid y genedl ac yn gwbod yn union beth wedd isie mewn rhaglen. Mi ges i, fel sawl person arall, help mowr ganddi yn ystod y dyddie cynnar – ac yn wir, dros y blynydde.

Teulu bach y ces i'r fraint o fod yn rhan ohono wedd TWW a phawb yn gweitho ac yn ymlacio gyda'i gili. Dwi'n credu taw dyna'r amser hapusa i fi ym myd teledu.

Mi fu'r dyddie cynnar 'na'n wahanol. Dim jyst am 'yn bod ni'n ifanc ac yn mynd ar antur fowr gyda'n gili, ond wedd y cyfan mor dynn a phawb yn gwbod beth wedd y nod. Heddi, ma popeth wedi mynd yn fusnes mowr a gneud arian yw'r cyfan. Wrth gwrs, neud elw fydde pwrpas y cwmni 'nôl yn y chwedege hefyd ond wên ni, y bobol rhaglenni, yn cael hwyl wrth neud y gwaith. Ma pethe wedi mynd tamed bach rhy ddifrifol erbyn hyn.

Un funud wên i'n teipo sgripts yn y swyddfa a'r funud nesa i lawr yn y stiwdio yn ystod y prynhawn yn darllen sgripts y *Film round-up* gyda Noel Williams. Wedd pob diwrnod yn llawn gwaith ond hefyd yn llawn o sbort. Weithie, os bydde Eirwen Davies, darllenydd y newyddion ar *Y Dydd*, ar 'i gwylie neu'n cyflwyno rhaglen arall, fasen i'n cael darllen y newyddion yn 'i lle. Fel ma pethe wedi newid! Gwyn Llywelyn, y riporter, yn mynd o gwmpas yn hel straeon, a Deryk Williams a Gwilym Tudur yn ymchwilwyr yn y stiwdio; yn ddiweddarach, ymunodd Richard Morris Jones ac Ifan Roberts. A'r annwyl Dewi Bebb yn cyflwyno'r rhaglen.

Y golygydd newyddion wedd Eleanor Mathias, yn wreiddiol o Shir Benfro – a chwaer Eluned Dietrich, perchennog y Clwb Golff yn Tydrath! Mi fydde Elinor mor annwyl â'i chwaer ac mor gefnogol i ni'r criw ifanc ar ddechre'n gyrfa.

Bob bore mi fydde'r holl griw cynhyrchu'n dod at 'i gili am gyfarfod am ddeg o'r gloch i drefnu rhaglen y noswaith honno, a'n job i wedd cario coffis iddyn nhw i gyd, jyst i neud yn siŵr bod pawb yn cael *caffeine fix* i'w deffro ar gyfer gwaith y dydd. Wên i wedi bod yng Nghaerdydd am ryw fish pan gerddodd 'na fachgen ifanc miwn i'r stiwdio gyda Frank Price Jones, o Fangor. A dyna pan gwrddes i ag Euryn am y tro cynta. Mae'n debyg fod Wyn Roberts wedi bod o gwmpas y prifysgolion yn chwilio am bobol ifanc wedd â diddordeb i ddod i weitho fel cyw-gyfarwyddwyr i TWW, a dyna fel dechreuodd Euryn 'i yrfa ym myd teledu yn 1964, yr un pryd â bachgen ifanc arall, Huw

Ennill cystadleueth Brenhines Gwylie Shir Benfro 1960.

Rhaglen y cystadleuwyr yng nghystadleueth Miss Norvic.

Yn y goets wydr, wedi ennill Miss Norvic yn y Mayfair Hotel yn Llunden, 1961.

Fi, ar y dde, mewn *revue* yn St Godric's, 1962.

Ym mharti 21
Shona yn
Leicestershire,
1963.

Fy mhen-blwydd yn 2l yng ngwesty'r Ivy Bush yng Nghaerfyrddin, 1965.

Rhai o griw *Y Dydd*, gan gynnwys Owen Roberts a'i wraig Ann Clwyd, Gwyn
Llewelyn, Mai Gruffydd, Euryn a finne, mewn gwledd yn Llunden, 1965.

Dad, Mam a fi ar fy mhen-blwydd
yn 21 yn yr Ivy Bush, Caerfyrddin, mis Medi 1965.

Priodas Euryn a fi yng Nghapel Antioch, 1 Ionawr 1966.

Chwech o'n morwynion priodas ni, mewn melfed coch a *muffs* bach ffwr gwyn.

Meriel Davies,
gwraig Lynn Davies,
a fi yn cyflwyno
Siôn a Siân
ynghanol y 1960au.

Margaret Hughes a fi
yn cyflwyno rhaglen
Croeso Christine
i ddysgwyr tua 1965.

Cyflwyno *Storïau'r Byd* ar TWW.

Siôn a Siân.

Dilwyn Young Jones a fi'n cyflwyno
Miss Wales ym Mhontypridd.

Sara'n rhoi help llaw i fi ddewis y
ffrogie ar gyfer *Siôn a Siân*.

Dai a fi'n cyflwyno *Siôn a Siân*.

Y tro cynta i Rhodri ymddangos ar y
teledu – ar *Siôn a Siân* yn 1972 pan
wedd e'n dair ôd!

Dai a fi'n agor siop sgidie yng Nghaerfyrddin.

Llun o'r briodas yn y ddrama gyfres i ddysgwyr, *Now You're Talking*.

Cyd-gyflwynwyr y tywydd ar S4C: Elfed Dafis, Chris Jones a finne.

Gyda chriw annwyl S4C ar *Ladies Day* yn Ascot.

Cyflwyno tlws S4C i fuddugwr *Rasus* ar Faes Sioe Frenhinol Llanelwedd.

Gyda Stan Stennett a rhai o gast y panto ym Mhorth-cawl, 1992.

Chware rhan Maid Marian yn y panto ym Mhorth-cawl, 1992.

Gay a fi yn yr Atlantic yn Tenby.

Fi gyda Meudwen, Eleri a Mags, merched *tea-rooms* Pam Powell.

David Hamilton, Jo, fi a Pam Powell yn canu carole ar sgwâr Rhaeadr adeg y Dolig.

Rachel Thomas, Gwen a fi yng nghinio Achub y Plant
yn Neuadd y Ddinas, Caerdydd.

George Thomas – Arglwydd Tonypandy – a fi mewn dawns i godi arian i'r
Bwthyn ym Mhontypridd.

Yn enjoio cusan gan Tom Jones
yng nghastell Caerdydd ar ôl
sioe HTV.

Y bag Anya Hindmarch!

Edrych ar Diana'n agor y Bwthyn ym Mhontypridd.

Cael *chat* gyda'r Tywysog Siarl yn Highgrove.

Davies. Gwrddodd Euryn a finne yn y ciw cantîn a ddethon ni'n ffrindie'n syth. Criw ifanc iawn wên ni yn *Y Dydd* ac wên ni'n mynd mas gyda'n gili bron bob nos i bartis neu am bryd o fwyd yn un o *steak houses* Caerdydd. Fydde 'na ddim lot o ddewis o lefydd bwyta os na wech chi'n lico stecen a gwin coch! Gydag amser, wnes i fynd i rannu fflat gyda Shân Harries, nath yn ddiweddarach briodi Huw Davies. Yn rhyfedd, wedd Euryn a Huw yn rhannu fflat hefyd. Trwy lwc, gath Shan a fi afel ar fflat reit foethus. Symudon ni o Cathedral Road yn weddol glou i Ben-y-lan, ond dwi'n cofio'r fflat gynta nath y bechgyn 'i llogi, gyda llygod bach yn y gegin. Ych a fi! Yn nes mlân, gyda'u cyfloge cynta – dwi'n credu y dyddie 'ny wên nhw'n ennill £1,000 y flwyddyn, swm sylweddol iawn – nethon nhw fynd lan yn y byd a chal fflat foethus iawn gyda *waste disposal unit*. Aeth sawl socen i Huw ac Euryn lawr y *waste disposal*.

Wedd dwy ferch arall o Shir Benfro yn gweitho ar *Y Dydd*: Enid Morris, wedd yn ysgrifenyddes i'r holl griw cynhyrchu a Rhiannon Thomas, hithe hefyd wedi bod yn St Godric's, yn PA ar y rhaglen. Mai Gruffydd o Sir Fôn wedd y PA fwya profiadol, a'r gweddill yn dysgu dan lyged barcud Mai, gan gynnwys Shân a ffrind arall imi o Shir Benfro, Jane Miles. Mi ges i gynnig unwaith fod yn PA ond gan mod i ddim yn rhy dda yn cyfri, allen nhw byth ddibynnu y bydde'r rhaglenni'n bennu ar amser. Arhoses i'n saff yn gweitho gyda Owen. Wedd e'n hala nifer fowr o lythyre fel cynhyrchydd *Y Dydd* ac erbyn hyn wên i'n itha balch mod i wedi bod yn St Godric's achos mi ddaeth y llaw-fer a'r teipo yn handi iawn. Rhan amlaf, gan mod i'n teipo'n itha clou, wên i jyst yn teipo fel wedd e'n siarad – ond *Tippex* wedd fy ffrind gore y dyddie 'ny ac mi achubodd 'y mywyd i sawl tro wrth guddio'r beie!

Fel awgrymes i, chefes i ddim swydd-ddisgrifiad ffurfiol gyda dyletswydde arbennig; digon da i rywun fydde'n licio amrywio gwaith. Un tro gofynnwyd imi gan Ted Trimmer, y Golygydd Newyddion Saesneg – wedd, gyda llaw, yn frawd i'r

65

actores enwog Debrah Kerr – i gyflwyno rhes o raglenni Saesneg, yn dangos dawnsfeydd o gwmpas y byd gath 'u recordio yn Llangollen. Gan taw teledu du a gwyn wedd y dyddie 'ny, gollon ni weld Llangollen ar 'i ore. Ar ben 'ny, cyllideb fechan iawn gath Ted ac mi gafodd e dipyn o filltiroedd mas o'r eiteme 'ma o'r dawnswyr wedd wedi dod i Langollen. A fi'n ishte ar ben fy hun yn y stiwdio yn esgus bod yn Llangollen yn darllen y lincs o'r *autocue antique* 'ma am orie ac yn joio mas draw! O'r holl Eisteddfode wên i'n cael mynd iddyn nhw, Llangollen wedd y gore. Cofiwch, ges i ddim llawer o gyfle i fynd i'r Pafiliwn oherwydd wên i'n teipo drwy'r dydd, ar wahân i amser cinio; bryd 'ny fydden i'n cael cyfle i fynd o gwmpas y parc a gweld y gwledd o liw a phobol o bob cwr o'r byd. Gefes i mo'r un cyffro yn y Genedlaethol; a gweud y gwir, fues i ddim miwn i'r Pafiliwn ar Faes yr Eisteddfod tan yn itha diweddar. Fel wedodd yr annwyl Wil Sam, pwy ond y Cymry fyse'n adeiladu pabell er mwyn hala wthnos i gerdded rownd iddi hi?

Fuodd 'na hen arbrofi yn ystod y dyddie cynnar 'na a phawb yn dysgu fel wên nhw'n mynd mlân. Erbyn heddi, mae'n anodd credu bod modd cael hwyl wrth fentro i fyd hollol newy' mewn darlledu gymint â gawson ni yn y chwedege. Cofiwch, falle bod pob cenhedleth yn neud 'i hwyl 'i hun a taw heneiddio wdw i a gweld y gorffennol drwy sbectol binc. Ond wên ni'n joio mas draw a rhywbeth newy yn cael 'i dreial bob dydd.

SIÔN A SIÂN Y TRO CYNTA ROWND

Dyfeisiwyd *Siôn a Siân* gan bâr o Canada, Roy Ward Dickson a'i wraig. Mae'n rhaid 'u bod nhw wedi gneud ffortiwn gyda'r fformat. Fe gynhyrchwyd dwy gyfres o *Siôn a Siân* cyn bod *Mr and Mrs* wedi cychwyn yn Saesneg hefyd, gyda Alan Taylor yn gwisfeistr draw yn stiwdio TWW ym Mryste.

Ar y cychwyn, Meriel, gwraig Lynn Davies, wedd y groesawferch, neu'r *hostess* yn y fersiwn Saesneg, a Dewi

Richards, y bwtsiwr parablus o Ystalyfera, yn gwisfeistr. Wedd Meriel yn athrawes a phan benderfynodd TWW fynd â *Siôn a Siân* ar daith o gwmpas Cymru, alle Meriel ddim cael amser o'r ysgol, felly bu'n rhaid ffindio rhywun arall i gymryd 'i lle. Gofynnodd Wyn Roberts i fi a licien i wneud y job ac wên i dros ben llestri o hapus. Recordiwyd rhyw beder ar ddeg o raglenni dros Gymru, gydag Owen Griffiths yn cyfarwyddo, Dewi a fi'n cyflwyno a Shân Harries yn gynorthwy-ydd cynhyrchu. Eleanor Mathias ac Eirwen Davies wedd yn gyfrifol am neud y cwestiyne a ffindio'r pare, ond weithie, pan fydde hi'n anodd i ffindio pare priod i gymryd rhan yn y rhaglen fydden i'n awgrymu i rai o'n ffrindie y dylen nhw beidio bod yn swil ond sgrifennu miwn i gael dod ar y rhaglen. Un tro mi ddaeth Ieuan a Mary Owen o Tydrath: wên i yn yr ysgol gyda Mary ac wedi bod ym mhriodas y ddou. Dro arall mi ddaeth John a Kay – Kay yn enedigol o Tydrath a John 'i gŵr yn gweitho yn y Banc yn Tydrath – yr un adeg â Mary. A wedyn mi ddaeth Buddug a Brian Jones o Crymych ar y rhaglen. Wedd Buddug yn yr ysgol gyda fi – 'ych chi'n cofio fi'n sôn shwt bydden i'n colli pob Eisteddfod pan wedd Buddug yn canu. Ond wedd dim ffafrieth i ffrindie, a nillodd 'run ohonyn nhw'r jacpot!

Wedd Dad wedi prynu hen Ford Anglia bach glas i fi pan ddes i 'nôl i Gaerdydd; wrth gwrs, wên i wedi paso'r prawf yn Llunden ac yn gallu dreifo, ond dyma'r tro cyntaf i fi gael car 'yn hunan. Wên i'n dueddol o anghofio rhoi dŵr ac olew yn y car bach a rhan amla fydda'r Anglia yn ishte tu fas i'r fflat. Yn Cathedral Road wên ni pryd 'ny, cyn symud i'r fflat neisach. Benderfynodd Shân fynd â'i char hi, hen A35 llwyd gole, ar y daith, a bant â ni – Shân, fi, a holl arian y jacpot yn y car. Gan fod Shân yn weddol nerfus o golli'r arian ar y ffordd, wên i'n gorfod ishte ar 'i ben e; wn i ddim a nath 'ny rwystro rhywun rhag 'i ddwgyd!

Dechreuon ni'r daith yn y gogledd, ym Mae Colwyn, a bennu lan yn Aberystwyth. Ges i ddim dilledyn wedi'i brynu ar gyfer y rhaglenni ond gefes i help gan ferch hyfryd o'r adran wisgoedd y dyddie ny, Helena, a hi nath y rhan fwya o'r ffrogie i fi. Cyllidebe bach fydde'r drefen y dyddie 'nya phob ceiniog yn cyfri; £39 gini gefes i fel ffi am neud peder ar ddeg o raglenni.

Buodd Owen yn ddigon caredig i adel i fi gael fy rhyddhau o ddyletwydde'r swyddfa. Dwi erioed wedi bod yn un am aros mewn swyddfa gaeedig; dyna pam, yn hwyrach yn fy ngyrfa, mod i'n ffeindio gweitho ar 'yn liwt 'yn hunan yn llawer mwy pleserus a dwi'n credu bod Euryn hefyd wedi bod yn hapusach yn gweitho fel hyn. Wnes i 'i chael hi'n anodd dod 'nôl i weitho yn y swyddfa ar ôl y daith, wedi cael shwt sbort a chwrdd â chymaint o bobol. Ond 'nôl yr es i a fuo 'na ddim sôn y bydde 'na fwy o waith ar y sgrîn ar y gorwel.

Wedd y cwmni'n tyfu'n gyflym a symudodd rhan o'r adran gynhyrchu draw i Mill House, hen stiwdios Teledu Cymru a lle mae swyddfeydd y Cyd-bwyllgor Addysg erbyn hyn. Mi adewes i griw *Y Dydd* i weitho i Jean Parry Jones a Margaret Elin Griffiths. Wedd Margaret ar y pryd yn cynhyrchu rhaglenni plant fel *Teli-ho*. Gweitho ar raglenni crefyddol fydde Jean, a dwi'n cofio gorfod teipo llythyr at y Parchedig A. E. Jones, Porthaethwy. Dyma wedodd Jean, 'Jen, rhowch "Cynan" mewn cromfache'. Ma gas 'da fi weud, ond wên i ddim yn gwbod pwy wedd Cynan. Cafodd Jean sioc fowr, ond mi nath hi lenwi fi miwn â'r manylion. Yn ddiweddarach, wnes i gwrdd â Cynan sawl gwaith yn yr eisteddfode di-ri wên ni'n darlledu ohonyn nhw ac yn stiwdio TWW, lle wedd e'n aelod o'r Bwrdd Cymreig. Wedd 'na gymeriad mowr yn gweitho fel *commissionaire* yn TWW – Jock Wilson. Y tro cyntaf ddaeth Cynan i'r stiwdio, wedd Jock ddim yn 'i nabod e nac yn gwbod pwy wedd e. Daeth Cynan at y ddesg yn y dderbynfa wrth y drws ffrynt a dyma Jock gyda'i acen Albanaidd gry yn gofyn, 'Well, young sir, what do you do? Sing, dance or play the piano?' Gymerodd Cynan yr holl beth yn 'i ffordd urddasol arbennig a chwerthin mwy na neb am y cyfarfyddiad cyntaf hwnnw. Ac wedd Jock yn nabod Cynan o 'ny mlân.

Ddes i 'nôl wedyn i weitho i Owen Roberts ar *Y Dydd*. Erbyn hyn wedd Euryn a fi wedi priodi, Euryn yn gyfarwyddwr ar *Y Dydd* a finne'n *jack of all trades*. Ar ôl pob rhaglen fydde 'na ryw fath o *post mortem*, fel dwi'n siŵr sy'n digwydd ar ôl *Wedi Tri* a *Wedi Saith* bob dydd heddi. Draw i'r clwb yn yr ardd yn Pontcanna fydde pawb yn mynd i drin a thrafod yr hyn ddigwyddodd ar y rhaglen: beth aeth yn iawn a beth aeth o'i le. Weithie fydde'r ddadl yn mynd yn dwym iawn, yn enwedig rhwng Gwyn Erfyl ac Owen. Mi fydde'n addysg i wrando arnyn nhw'n dadle a rhoi'r byd yn 'i le.

Daliodd y swydd i fod yn amrywiol a rhywbeth gwahanol yn digwydd bob dydd. Un tro benderfynodd Owen gynhyrchu ffilm am Sir Drefaldwyn i'w darlledu cyn Eisteddfod y Drenewydd. Dim ond Gwyn Erfyl alle dywys y gwylwyr a ninne o gwmpas 'i sir 'i hun. Mi ges i gymaint o addysg yn ystod yr wthnos 'na, yn mynd i lefydd nad o'n nhw'n ddim ond enwe i fi o'r blaen, fel cartref Ann Griffiths yn Dolwar Fach. Ges i'r hanes i gyd gyda Gwyn, y cyfathrebwr perffeth wedd yn arbenigwr ymhob ystyr ar 'i sir 'i hun. Gan fod dim PA ar gael i fynd i ffilmio'r rhaglen 'ma, bu'n rhaid i fi neud y *shot lists*, fel wên nhw'n cael 'u galw. Wên i'n teimlo'n bwysig iawn yn cerdded obiti gyda'r criw ffilm yn cario'r *clipboard* mowr 'ma. Unwaith eto, joies i fynd mas o'r swyddfa ac aethon ni drwy Gaersws, lle ganed fy hen daid.

Wedd gyda Owen Roberts gar arbennig o swanc, Sunbeam Rapier, a dwi'n cofio cael dreifo'r car 'ma; wel, wên i'n meddwl mod i ar dop y byd – y bòs yn gadel ifi ddreifo'i gar! Ges i sawl car gan Dad ar ôl y Ford Anglia bach glas; es i lan yn y byd a chal Triumph Herald Convertible. Yn hwn basodd Euryn 'i brawf gyrru – wnes i ddim i ddysgu fe i ddreifo ond pan ddaeth y diwrnod iddo fe gymryd 'i brawf gyrru, gath e fencid y Triumph Herald gyda fi yn lle mynd yn y mini coch ail law bach wedd e wedi'i brynu. Basodd e'r test tro cyntaf, a fydden ni'n gallu rhannu'r dreifo wedyn. Yn hwyrach, ar ôl i ni briodi, daeth MGB GT. Unwaith gyrhaeddodd Rhod gorfod inni werthu'r MGB –

wedd dim digon o le i ni a'r *carry-cot*. Gafodd Jo 'i siâr o geir hefyd, a wedd e'n ffond iawn o'r Triumph Herald Sports gath e. Ond 'nôl â ni i Sir Drefaldwyn weth. Gethon ni'r criw aros yng Ngwesty Llyn Efyrnwy. Wên i'n meddwl mod i wedi cyrradd, yn cael aros yn shwd le a rhywun arall yn talu'r bil. Wdw i wedi isie mynd 'nôl sawl tro ond heb gael y cyfle. Mae'n westy hyd yn ôd mwy moethus erbyn heddi mae'n debyg.

Dwi'n cofio Gwyn Erfyl yn neud 'i gyfweliade ar *Y Dydd*; wedd cymaint o barch tuag ato fe, wedd e'n gallu cael unrhyw un i ddod ar y rhaglen. Sawl tro fuon ni ar aelwyd Gwyn a Lisa, Gwenno, Eleri, Angharad a Gwerfyl. Mi fydda i'n gweld Soffia heddi yn llawn direidi a drygioni yn debyg iawn i Gwerfyl ac Angharad pan wên nhw sha'r un ôd. Wedd tipyn o dasg 'da Lisa i ofalu am y teulu i gyd. Gwyn wedd ein gweinidog yn Severn Road a fe fedyddiodd Rhodri a Sara yn y capel hwnnw. Mae'n rhyfedd gyrru heibio heddi a gweld y capel wedi troi'n fosg. Dwi'n cofio pan ddechreues i ymddangos ar y sgrîn wedd hi'n angenrheidiol i fod yn perthyn i Equity. Peth anodd iawn i rywun ifanc dibrofiad wedd ymuno ond, trwy lwc, wedd y diweddar annwyl Ryan Davies yn mynychu'r un capel yn Severn Road a gan 'i fod e'n aelod o Equity, mi drefnodd griw i roi eu henwe i gefnogi fy nghais. Wna i byth anghofio hynna. Flynyddodd yn ddiweddarach, ges i'r fraint o gael gwersi canu Cerdd Dant gan Lisa Erfyl, a mwynhau gwrando ar Lisa a Gwyn, a'u lleisie bendigedig yn canu deuawd. Nath y ddou ganu yn ein priodas.

A sôn am y briodas, nath Euryn a finne briodi yng Nghapel Antioch ar y cynta o Ionawr 1966. Druan â Dad; y mis Medi cyn 'ny ges barti mowr yng Ngwesty'r Ivy Bush yng Nghaerfyrddin i ddathlu mhen-blwydd yn un ar hugen, gyda'r rhan fwya o TWW yno. Wedyn priodas rhyw bedwar mis yn ddiweddarach. Fuodd hi'n ddiwrnod wêr iawn, ac yn bwrw ceser ond daeth dou fws o rywle i weld y briodas. Arhosodd y rhan fwya o'r gwesteion, gan gynnwys Euryn, yn yr Ivy Bush yng Nghaerfyrddin ac, wrth gwrs, y nosweth cyn 'ny wedd 'na ddawns Nos Calan yn y gwesty. Nethon nhw gwato dillad Euryn a gawson nhw banics mowr y bore wedyn, ond wnath 'i gefnder Brian, y gwas priodas, wneud yn saff 'i fod e yn Antioch mewn pryd – ac wedi gwisgo'n deidi!

I Lunden aethon ni am fis mêl ac ar ôl rhyw dridie redon ni mas o arian a dod 'nôl i Machno, ein cartre bach cynta yn Radyr. Machno, ar ôl Penmachno lle codwyd Euryn. John Troake, y dyn lla'th, wedd yn byw drws nesa, a fuodd e a Jean 'i wraig a Martin y mab yn gymdogion da. Wnaethon ni byth redeg mas o laeth ffres tra wên ni'n byw yn Machno.

Fues i wedyn yn fishi iawn gyda'r gyfres gyntaf i ddysgwyr Cymraeg, *Croeso Christine*. Christine Godwin, un o gyflwynwyr Saesneg TWW, wedd y Christine gyntaf ond aeth hi'n feichiog a chynigiwyd y rhan i Dot Dawes, wedd ar y pryd yn gweitho yn *props* ac yn wraig i John Hickson, prif gynllunydd setie TWW. A dyna'r rhaglen, rhyw ddrama fach yn Gymraeg, gyda Wyn Thomas yn chware rhan cariad Christine, a Margaret Hughes a finne ar ôl y ddrama fer yn ishte ar ddwy gader anghyfforddus uchel yn ailadrodd y geirie. Gorfod i fi 'u meimio nhw, ac anodd iawn wedd cadw wyneb strêt. Wên ni'n rowlio chwerthin ar adege, ond wydde neb mo 'ny gan iddyn nhw'i olygu fe mas.

Daeth dyddie TWW i ben yn ddychrynllyd o sydyn a chymrodd cwmni pwerus newydd drosodd yng Nghymru a gorllewin Lloegr. Wên i'n ishte wrth y ddesg yn y swyddfa fach ac Owen yr ochor arall a dyma Dot yn dod miwn. Wedd yr olwg ar 'i gwyneb hi'n gweud fod rhywbeth mowr iawn o'i le; wedyn gyrhaeddodd Wyn, a'r offis yn llawn dop erbyn hyn. TWW wedi colli leisans a chwmni Harlech yn cymryd drosodd. Y cadeirydd fydde Arglwydd Harlech a'r enwe newy' wedd Richard Burton, Stanley Baker, John Morgan, Aled Vaughan, Wynford Vaughan Thomas.

Ddigwyddodd hyn i gyd yn 1968. A newid fu'n hanes inne hefyd. Wên i'n dishgwl Rhod ac yn gwbod y bydde rhaid rhoi'r gore i weitho i Owen ac aros getre i fagu'r un bach. Es i mas i roi genedigeth i Rhodri a chal hoe fach o fyd teledu.

HTV

Golles i'r parti mowr draw ym Mryste i ddathlu Harlech yn cymryd drosodd; wên i'n bwydo Rhod ar y pryd. Mi fydde wedi bod itha neis i gwrdd â Richard Burton ac Elizabeth Taylor yn gwisgo'r fodrwy anferthol 'na ar y noson. Flynydde'n ddiweddarach, wên i'n adrodd yr hanes wrth Rhydwen Williams a gweud mor siomedig wên i mod i wedi ffaelu mynd i'r parti. 'O mi fydde fe 'di lico ti, Jen,' medde Rhydwen – falle achos mod i'n fyr fel Elizabeth, ond ma'r gymharieth yn bennu fan'na! Dwi'n dal i feddwl taw Elizabeth Taylor yw un o'r merched hardda i serennu yn Hollywood, ar wahân i Marilyn Monroe, yr eicon bytholwyrdd, falle.

Dwi wrth fy modd yn gweld yr hen ffilmie o Hollywood, y rhai gyda Grace Kelly, Cary Grant, Frank Sinatra, Fred Astaire, Ginger Rogers, ac ati. Wedd 'na ramant iddyn nhw, a steil hefyd, sy ddim gyda'r actorion heddi. Dwi'n credu taw'r unig amser ma nhw'n gwisgo'n smart yw ar gyfer yr Oscars, a wedyn mae hi'n dali-ho.

Ond yn y pedwar a'r pum dege, y stiwdios mowr fel Metro Goldwyn Mayer, J Arthur Rank a Columbia wedd berchen y sêr, a hwythe'n gorfod neud yn gwmws fel wedd y penaethied ishe, beth wên nhw'n wisgo, pwy wên nhw'n priodi a lle wên nhw'n cael 'u gweld o gwmpas Hollywood. Y stiwdios greodd ddisgwyliade'r cyhoedd a we rhaid i seren gyrradd y disgwyliade 'ny. Dwi'n gwbod nad yw e'n ffasiynol, ond dwi'n ffan o'r system stiwdio.

Arhosodd Dot fel cynhyrchydd pan gymrodd HTV drosodd ond symudodd Wyn Roberts i fyd gwleidyddiaeth. Ers gadel y byd teledu mae e wedi cyfrannu'n aruthrol i fywyd gwleidyddol Cymru drwy fod yn weinidog yn y Swyddfa Gymreig am ddeunaw mlynedd dan Margaret Thatcher a John Major. Heddi mae'n Arglwydd Wyn Roberts, ond dwi'n falch o'i gyngor i 'sticio o gwmpas'. Dyna dwi wedi neud. Ambell waith daeth pethe'n rhwydd ac ambell waith yn anodd, ond fel'na ma bywyd, yntife?

Magu Teulu a Phethe Erill

Ganed Rhodri ar y degfed o Fai 1968; mae e bron yn ddeugen erbyn hyn – on'd yw amser yn mynd? Ma rhaid i fi weud wên i ofon y bysen i braidd yn anobeithiol yn magu plant, ond wnes i ddysgu'n glou iawn. Dwi'n cofio'r nyrs yn dod â Rhod i fi. 'There you are,' medde hi, 'you look after him now'. A gweud y gwir wên i ddim yn gwbod shwt i newid cewyn ond dechreues i'n syth. *Terry towelling* wên nhw y dyddie 'ny cyn bod sôn am *disposables*. Ond jest fel wên i'n mynd i gau'r pìn dyma enfys o wlychfa i fi a Rhod. Tan 'ny wên i ddim yn sylweddoli fod babis yn glychu unrhyw amser ond mi ddysges ac wên i'n gamster ar bethe erbyn i Sara gyrradd.

Yn ystod y cyfnod rhwng Rhod yn fabi a Sara'n cael 'i geni fues i'n neud tipyn o waith llaw-rydd. Wên i wastad wedi bod â diddordeb mewn adloniant ysgafn. Clywes fod Rhydderch Jones yn cyf-weld a rhoi gwrandawiade ar gyfer rhanne i raglen ysgafn wedd e'n 'i chynhyrchu. Am ryw reswm wên i yn y cantîn yn HTV – falle wedi bod yn recordio rhywbeth neu gili – pan ddaeth Stewart Jones miwn a gweud, 'Ti'n olreit yn fanna, Jen, ma Rhydderch isio ti gymryd rhan'. Mi deimles i ar ben fy nigon ac mi ges i lot o hwyl yn gneud y gyfres o sgetsys comedi ac mi ges i fwy o ranne bach a gwneud tipyn o actio hefyd gyda Rhydderch yn cynhyrchu. Comedi bob tro – wên i wrth fy modd yn neud comedi. Sai'n credu fydde Shakespeare wedi apelio ata i o gwbwl, er i fi ddysgu digon o *Julius Caesar* pan wên i'n neud Lefel O, ond dyna lle gades i hi hefyd.

Fuodd Dot yn help mowr i fi, fel wedes i. Aeth hi mlân i gynhyrchu *Hamdden*, gyda Wendy Williams, Elinor Jones a

Gwenda Griffith ac wedd Dot wastad yn trio nghal i miwn i neud rhywbeth neu gili. Mae'n syndod be chi'n gallu neud os 'ych chi isie gweitho. Yn nes mlân, gyda Dot yn cynhyrchu, ges i gyfres *Mwy neu Lai*, cyfres i blant bach. Elinor wedd wrth y llyw a finne fel rhyw *sidekick*. Katherine Edwards wedd yr ymghynghorydd a fuodd Kath yn byw yn groes yr hewl i ni yn y Knap yn y Barri. Ges i sawl sieri amser cino dydd Sul gyda Kath a'i gŵr Emyr. Fe dyfodd Seth 'u mab lan gyda Rhodri a Sara ac ma nhw'n dal yn ffrindie mowr. Wnes i ddysgu mwy o fathemateg yn y gyfres 'na nag a ddysges i eriod yn Ysgol Ramadeg Aberteifi. Iestyn Garlick wedd yn chware rhan Mathewmateg ac mae'n siŵr bod Elinor yn cofio'r adeg pan ddaeth oen bach miwn i'r stiwdio; beth yw'r dywediad Sasneg, 'Never work with children or animals'? Wel, wên i fod gafel yn yr oen bach 'ma ar 'y nghôl. Aeth pethe'n siang-di-fang ac Elinor yn gwneud 'i gore i gario mlân â'r rhaglen a'r oen bach yn ishte'n barod i jwmpo. 'Na'r unig dro wnes i weitho gydag anifel.

Wnes i weitho gyda phlant mewn cyfres arall i Dot gyda Cefin Roberts. Mi fydde gweitho 'da Dot yn bleser achos 'i bod hi mor broffesiynol, yn gwbod yn union beth fydde isie ac yn gallu cael y gore mas o berfformwyr bob amser. Os na fyddech chi'n neud yn gywir fydde hi'n gweud ar unwaith. Dot gynhyrchodd *Amser Te* gyda Myfanwy Howell, un o'r rhaglenni arloesol yn hanes teledu Cymraeg. Mae llawer ohonon ni'n cofio'n annwyl amdani ac yn diolch iddi am 'i chefnogaeth.

GWLEIDYDDIAETH

Tra wedd y gwaith yn dechre dod yn itha bishi a Rhodri'n dechre cerdded i bobman, gofynnodd Plaid Cymru i Euryn sefyll fel ymgeisydd i'r Barri a De Morgannwg yn etholiad 1970. Yr Aelod Seneddol ar y pryd wedd Syr Raymond Gower ac anodd meddwl 'i symud e o'i swydd o gwbwl; er 'i fod e'n Geidwadwr rhonc ac yn fawr o areithiwr, wedd e'n gweitho'n galed dros yr etholaeth. Beth bynnag, gawson ni ryw chwe mis o redeg obiti'n canfaso yn etholaeth fwyaf Cymru ar y pryd. Wedd hi'n mynd o Gaerffili yn y gogledd i'r Barri yn y de; o'r Bont-faen yn y gorllewin drwy'r Eglwys Newydd i Riwbeina, a Radyr yn y canol – wedd tipyn o waith jyst dreifo o un pen i'r llall! Dyma'r tro cynta i mi dreulio amser yn y Barri a dod i nabod pobol hyfryd. Mab Gwynfor Evans, Dafydd, wedd yn briod gyda Helen ac yn byw yn Nhreforgan lawr yr yr hewl oddi wrthon ni yn Radyr, wedd yr asiant. Wedd 'na swyddfa etholiadol gyda Plaid Cymru yn Holton Road a fan honno wedd y *master control*. Syndod yntife taw yn 1973, ar ôl geni Sara, y symudon ni fel teulu i lawr i fyw i'r Knap yn y Barri.

Dan arweiniad cadarn Bob Roberts a chefnogaeth 'i wraig Ann, gweithodd cangen Radyr o'r Blaid yn galed ryfeddol a John Watkin mor frwdfrydig ag unrhyw un. Wedd John yn gynhyrchydd rhaglenni plant yn y BBC a Babs 'i wraig yn ddeintydd. Un nosweth wlyb a garw iawn, mas â'r criw i ddosbarthu'r *Welsh Nation* rownd pob un o gartrefi Radyr. Dyma John yn cnoco ar un drws a menyw'n agor y drws a gweld John yn socan botsh a llond 'i freichie o'r papure. 'Yes, what do you want?' medde hi. Dyma John yn ateb mor boléit ag y galle rhywun blinedig a gwlyb wedd wedi cyrradd pen 'i dennyn. 'We're just distributing the *Welsh Nation* on behalf of Plaid Cymru.' Hithe'n ateb, 'I don't want any of your rubbish, thank you.' Mi snapodd John a gweud wrthi, 'Madam, I don't care if you wipe your bottom with it', a hithe'n ateb fel fflach, 'My dear man, I have more respect for my bottom!' a chau'r drws yn glep yn 'i wyneb. Fydd John byth yn anghofio'r profiad ond dyw e ddim wedi stopo fe rhag gwneud popeth gyda brwdfrydedd bob amser.

Colli wnaethon ni yn yr etholiad a Syr Raymond yn dal 'i sedd, ond fe gawson ni lot o hwyl yn ymladd etholaeth y Barri dros y Blaid am y tro cyntaf – a rhywsut neu'i gili wnaethon ni berswadio tua phum mil o etholwyr. Erbyn hyn mae'r Blaid yn chware rhan bwysig yng ngwleidyddiaeth y Fro a'n cynghorydd sir ni yw Steffan Wiliam, un o'r babis wnaeth Euryn 'i gusanu ar King's Square yn ystod yr ymgyrch honno!

Flwyddyn wedi'r lecsiwn ganed Sara ar Fawrth 27, 1971. Wên i wrth fy modd nawr gan fod 'da fi fab a merch. Symudon ni i hen dŷ ar Heol Isaf Radyr jyst cyn geni Sara; gath 'i henwi ar ôl Mam, sef Sarah Olwen, a'm hen fam-gu, Sara Davies o Hermon. Lisa wedyn ar ôl Lisa Erfyl; wên i'n ffond iawn o Lisa ac yn dwlu ar yr enw. Wedd Rhodri bron yn dair ôd pan gath Sara 'i geni. Erbyn hyn wedd Dad wedi gwerthu'r busnes yn Crymych a symudon nhw lan i Radyr i fyw gyda ni. Diolch byth wedd y tŷ'n un mowr a digon o le i ni i gyd.

SYMUD TŶ

Rhyfedd fod Mam a Dad wedi dechre'u bywyd gyda'i gili yng Nghaerdydd a nawr wên nhw'n symud 'nôl. Wên i'n meddwl fod Euryn a fi wedi symud digon o weithe, byw mewn dou dŷ yn Radyr a nawr symud i'r trydydd ond, fel wedodd Dad sawl gwaith wrtha i, 'Dyw hwnna ddim byd, Jen fach, ma dy fam a fi wedi symud tair ar ddeg o weithie'. Wedd digon o amser i symud 'to.

Fuodd Mam a Dad – Nana a Gu fel wedd y plant yn 'u galw nhw – yn gefen mowr i fi tra wedd y plant yn tyfu, a dwi mor falch fod Rhod a Sara'n cofio Mam. Ma Sara'n debyg iawn iddi, o ran pryd a gwedd a'i ffordd hefyd. Wedd dim nonsens gyda Mam; fydde hi'n gweud 'i meddwl a fel'na ma Sara. Nath Mam ein gadel ni pan wedd Sara ond wyth ôd a Rhod bron yn ddeg. Dim ond chwe deg chwech wedd Mam yn marw – lot rhy ifanc. Fuon ni fel teulu yn lwcus iawn i gadw Dad tan wedd e bron yn naw deg dou, ac wedd e'n ddylanwad mowr ar Rhod a Sara. Trueni na fydden nhw wedi cofio mam a tad Euryn, Alun Ogwen a Lil. Bu farw mam Euryn pan wedd Rhod ond rhyw bedwar mish, adeg Eisteddfod Genedlaethol y Barri yn 1968, a gollodd Euryn 'i dad ddwy flynedd yn ddiweddarach, adeg Eisteddfod Rhydaman, 1970. Rhyfedd fod y ddou wedi cael 'u cymryd adeg

76

yr Eisteddfod a honno mor bwysig iddyn nhw – 'u bywyd, a dweud y gwir: Alun Ogwen yn Ysgrifennydd Aelodaeth yr Eisteddfod a Lil wrth 'i bodd yn canu bron at y diwedd.

SIÔN A SIÂN WETH

Tra wedd Sara'n fabi ges i gyfle i fynd 'nôl i weitho – a 'nôl wedd e ym mhob ystyr achos mi es i i neud *Siôn a Siân*. Wedd Dewi Richards wedi gadel y rhaglen a'r gêmfeistr newydd wedd I. B. Gruffydd o Gaernarfon; bues i'n gweitho gydag IB am ddwy gyfres. Pan benderfynodd IB roi'r gore iddi, fuo 'na chwilio am gêmfeistr newydd a nifer o ddynion yn y ffrâm. Nethon nhw ofyn i fi fod yno yn ystod y cyfweliade i gyd. Sai'n cofio sawl dyn welodd Ieuan Davies y cynhyrchydd ond rodd 'na nifer fowr, dwi'n cofio.

Yr ola wedd bachgen ifanc o'r enw Dai Jones o Lanilar. Dwi'n 'i gofio fe'n dod miwn i'r stiwdio. Gofynnodd Ieuan iddo sefyll ar ben ysgol, troi i wynebu'r camera a dweud cwpwl o eirie. Wên i'n siŵr o'r foment 'na taw Dai fydde'r Siôn nesa. A dyna ddechre ar gyfnod newydd arall yn fy mywyd, *Siôn a Siân* gyda Dai. Nes i fi ddarllen llyfr Dai wnes i ddim sylweddoli fod teulu Dai a theulu Ieuan Davies yn ffrindie yn Llunden flynyddoedd ynghynt.

Ym mis Mehefin 2006 bu farw Ieuan yn 72 ôd, ac wrth i griw ohonon ni rannu atgofion wedi'r angladd, mi sylweddolon ni gyment o hwyl wedd Ieuan, fel cynhyrchydd, wedi'i roi yn ein bywyde ni yr adeg honno. Wedd e a Dai ('David' fel wedd Ieuan yn 'i alw fe) yn deall 'i gili i'r dim a'r chwerthin yn dod yn naturiol bob tro wên ni gyda'n gili. Wedi ymddeol o HTV aeth Ieuan yn ôl at actio, a chreodd lawer i gymeriad arbennig ar wahanol gyfresi i S4C. Ges i'r pleser o acto gydag e unwaith. Wedd e'n arbennig yn *Palmant Aur*, yn chware rhan un o Gymry Llunden, ac yn amlwg yn gysurus yn ôl yn 'i wreiddie. Wên inne, wedi byw yno am damed, yn gwerthfawrogi'r gyfres yn fowr.

77

Alla i weud heb flewyn ar 'y nhafod taw dyma'r amser â mwya o sbort ges i eriôd yn gweitho ar raglen. A gweud y gwir, wedd e ddim fel gwaith o gwbwl. Wên ni'n recordio rhyw beder rhaglen ar y tro, fynycha ar ddydd Sadwrn. Gan fod Dai a'i wraig Olwen yn rhedeg ffarm fowr yn Llanilar, dydd Sadwrn fydde'n siwto Dai yn well nag unrhyw ddiwrnod arall. Hyd yn od ar ôl peder rhaglen wên i byth yn teimlo'n rhy flinedig. Ymddangosodd Rhodri ar deledu am y tro cynta 'riod ar *Siôn a Siân* yn dair ôd; dwi wedi cadw'r llun. Anodd meddwl y pryd 'ny y bydde fe'n neud 'i yrfa mewn teledu a radio.

Ar ddiwedd pob rhaglen fydde Dai'n ymateb i'r ceisiade'n gofyn iddo fe ganu – wedi'r cyfan, dyma un o denoried gore Cymru ac enillydd y Rhuban Glas. Dyna pryd cwrddes i gynta â Janice Ball. Cyfeilyddes heb 'i hail yw Janice, we'n gallu newid cyweirnod ynghanol cân os wedd Dai ishe, a'r gynulleidfa ddim tamed callach.

Rhywun arall ddes i i'w nabod yn dda tra wên i'n gweitho gyda Dai ar *Siôn a Siân* wedd Joy Roberts. Joy fydde'n gyfrifol am gadw sgôr yn ystod y rhaglen. Gollodd Joy a fi gysylltiad dros y blynydde: hi'n mynd i'r gogledd i fyw gyda'i gŵr John a finne a'r teulu'n symud i'r Barri. Nawr ma Joy a John wedi symud 'nôl i'r de ac yn byw, o bob man, yn y Barri! 'Yn ni'n cwrdd yn itha amal am gino bach.

Oherwydd poblogrwydd *Siôn a Siân* penderfynodd Ieuan Davies fynd â'r sioe ar daith a dyma ddechre ar drafaelu rownd Cymru yn cynnal nosweithie *Siôn a Siân*; Janice a fi yn dechre o Gaerdydd a Dai yn cwrdd â ni, wastad ar ôl godro, lle bynnag wedd y cyngerdd i fod. Gan amla cynhelid y cyngherdde mewn festri capeli neu neuadde pentre, a gwledd o fwyd yn ein dishgwl. Weithie wên ni'n gorfod newid yn stafell y diaconied! Mi fydden i wrth fy modd yn gwisgo'r ffrogie pert 'ma ar gyfer *Siôn a Siân* a wastad yn mynd â'r rhai perta i'r cyngherdde.

Pan wên ni ar yr hewl fydde jôcs Dai yn cochi a Janice a finne'n clywed jôcs newydd bob tro. Bydde fe'n gorfod bod mwy gofalus â'r jôcs yn y stiwdio ond mi fydde Dai bob amser yn nabod 'i gynulleidfa i'r dim ac yn mynd cyn belled ag y bydden nhw'n fodlon 'i dderbyn.

Dyma pryd es i i ofyn i Lisa Erfyl a fyse hi mor garedig â rhoi gwersi canu cerdd dant i fi. Euryn sgrifennodd y geirie a Lisa yn 'u gosod nhw wedyn ar alaw. Gadwes i'r geirie hyd heddi a dyma nhw:

Lan ar ben y Frenni Fawr
Mae cylch o gerrig gleision,
Mi glywais ddweud, ar doriad gwawr
Ei fod yn hudo dynion;
A dringwn yno'n blentyn bach
I deimlo'r hud mewn awyr iach.

Yr un yw lliw y garreg las
Â'r cylch yng Nghôr y Cewri
A chlywais ofyn shwt cas neb
Y nerth i symud rheiny;
Ond wedi i mi deimlo'r hud,
Fe'u cludwn i bob rhan o'r byd.

Un tro fe welodd rhai yn glir
Estroniaid mewn soseri
A dwedai pawb mai tynfa'r tir
A'u denodd i'r Preseli;
Ac wrth fynd lan rwy'n deall nawr
Am dynfa fud y Frenni Fawr.

Wedd dim llawer o ganu cerdd dant yn Crymych pan wên i'n tyfu lan ond mi ffeindies i'r profiad newydd yn help i golli'r cryndod fydde yn y llais pan wên i'n ferch fach. Falle wên i'n llai nerfus achos wedd Dai yn canu gynta, wedyn wên i'n canu ac i gwpla'r nosweth ar ôl y cystadlu wedd y ddou ohonon ni'n canu deuawd. Rhan fynycha, *'Madam will you walk'* neu 'Ble wyt ti'n myned fy ngeneth ffein i' wedd y rheini. Alle rhywun ymlacio llawer mwy wrth neud y sioe lwyfan na phan wên i yn y stiwdio. Ac wrth gwrs, mi fydde hi wastad yn haws dod i nabod pobol pan wên nhw yn 'u cynefin ac wedi paratoi croeso mawr i ni bob tro. Ond gath record 'i neud o'r ddou ohonon ni'n canu. Llais Dai sy 'na fwya, wrth gwrs – wedi'r cyfan, dyna pam fydde'r rhan fwyaf am brynu'r record – ond ges i ganu dwy gân a gawson ni ddeuawd. Yn Abertawe recordion ni'r caneuon a'r drygioni wnaeth Dai a Ieuan, wrth i fi gyrradd y stiwdio recordio, wedd rhoi arwydd mowr lan mewn ysgrifen fras – 'MARIA CALLAS THIS WAY'. Wên nhw wastad yn tynnu 'nghoes i a minne'n cwmpo amdano bob tro.

Fydde Sara, ar ôl tyfu, yn lico dod 'da fi i'r cyngherdde ac yn ishte yng nghefen car Janice neu 'nghar i, achos bod hi wrth 'i bodd yn siarad gyda Dai a gwrando ar 'i jôcs e, fel bod hi'n gallu'u gweud nhw wrth bobol erill. Un tro daeth Sara miwn 'da fi i'r stiwdio i recordio. Wên ni'n arfer dangos eiteme i'r cystadleuwyr: teis, beltie a phethe a gofyn pa rai fydde'r gŵr neu'r wraig yn ddewis. Fydde Sara'n aros rownd cefen y set gyda fi ac un tro yn ystod y recordiad dyma fi'n gafel yn y pethe anghywir, a hithe'n gwbod mod i wedi neud camgymeriad ac yn gweiddi nerth 'i phen 'Mami, Mami dim y belts ti fod fynd mas!' Wedd Dai wrth 'i fodd yn gwneud jôc ohono a hala fi i nôl y teis. 'Wedes i wrthot ti, Mami,' medde Sara.

Fuo gweitho gyda Dai a Ieuan Davies ar *Siôn a Siân* yn amser hapus iawn, ac wên i'n meddwl weithie fyse fe'n para am byth, ond fel pob peth da wedd e'n siŵr o ddod i ben. Fuodd 'na sawl merch arall yn *sidekick* i Dai ar *Siôn a Siân* ond o bryd i'w gili wên i wastad yn cael dod 'nol i neud cyfres arall. A rhyfedd o beth, wedd Dai ac Olwen ac Euryn a fi yn y Marine yn ddiweddar mewn noson i godi arian at yr Ŵyl Cerdd Dant yn Ystrad Fflur – a *Siôn a Siân* wedd adloniant y noson!

Yn 1973, a Rhod yn beder a hanner a Sara'n ddwy, symudon ni fel teulu o Radyr i fyw yn y Knap yn y Barri a daeth Mam a Dad gyda ni. Dyna lle buon ni'n byw am dri deg tri o flynydde tan inni symud y llynedd i dŷ bach twt ar Ynys y Barri. Ma Dad a Mam wedi'n gadel ni bellach a Ger-y-Don yn rhy fowr i Euryn a fi. Wên i wastad wedi bod ishe tŷ bach twt wrth ymyl y môr a nawr dwi wedi cael fy nymuniad.

Buodd y Barri yn lle delfrydol i Rhodri a Sara dyfu lan ynddo ac fe aethon nhw i'r ysgolion Cymraeg dan ofal Rachel Williams ac Eleri Hourahane ac wedyn y diweddar Elwyn Richards. Lle gwahanol iawn i Grymych, wrth gwrs, ond ma 'na gymeriad i'r dre a'i phobol ac, yn enwedig ar yr ynys, ma'r cymeriade'n syndod o debyg i'r rhai gelech chi mewn pentre yn y wlad.

Ambell flwyddyn yn y gaea fe gawson ni eira mowr wnaeth aros am ddyddie. Wên i wedi hen arfer ag e yn Crymych, wrth gwrs, ond ddim ar lan y môr. Ar y bancyn tu ôl i'r tŷ fydde'r plant i gyd yn dod at 'i gili i slejio ac mi fydde 'ny'n fy atgoffa o shwt wên ni'n blant yn Crymych yn gweddïo am eira mowr i gau'r ysgol er mwyn cael mynd i slejio yn y perci cyfagos.

Aeth y ddou blentyn i Ysgol Glantaf a chal sawl trip sgio gyda'r ysgol. Ma Rhod a Sara erbyn hyn yn sgiwyr da iawn ac yn mynd am wylie i'r eira bob blwyddyn. Wên i rhyw 45 cyn i fi ddysgu sgio ac ma 'ny'n rhy hen – a dyw hi ddim yn ffasiynol iawn i fynd ar wylie slejio!

Rhyfedd bod Rhodri a Sara wedi cael 'u denu i fynd i America: Rhod i fynd i weitho draw yn Vail, Colorado a Sara i Efrog Newydd. Wedd hireth mowr arna i pan wên nhw'n gadel getre.

GWELD Y BYD A GWYLIE O BOB MATH

Dwi'n cofio mynd lan i Heathrow a gweld yr awyren fowr 'ma'n codi i fynd â Rhod i Camp America. Fel stiwdent yr aeth e bryd 'ny, ond gafodd e amser gwych ac yn hwyrach, ar derfyn taith rygbi, nath e a'i ffrind aros yn America a mynd i chware rygbi yn Vail, Colorado. Dyna lle ddysges i sgio. Gwrddodd Rhod â merch ifanc, Carla, yn Camp America a gyda'i theulu hi fues i'n aros lawer tro yn Denver a mynd lan wedyn i'r mynydde yn Vail. Mae Denver ynghanol y Rockies ac wedi'i adeiladu filltir uwchben lefel y môr. Prin ddwy awr o ddreif ar hyd ffyrdd llydan braf fydde hi i'r llethre sgio a fydde 'da llawer o drigolion Denver dŷ yn y mynydde. Ma'r Rockies yn anfarwol, a rhyw heddwch pur 'na. Aeth Carla a fi ar un ymweliad tra wên ni draw 'na i Glenwood Springs a mlân wedyn i Aspen. Dyna i chi lle mae cyfoethogion yr UDA yn mynd i ymlacio ac mae yna siope anhygoel yno. Bryd 'ny mi fydde hi wedi bod yn anaddas iawn i wisgo ffwr 'nôl ym Mhryden. Ond yn Aspen mae pob siop ddillad yn gwerthu ffwr. Es i miwn 'da Carla i un siop a gweld y got 'ma. 'Try it on, Jen, it'll suit you.' Allen i byth wrthod cynnig fel 'na a dyma fi'n 'i rhoi amdana i. Dim ond rhyw $16,000 odd hi; 'I'll take two,' medden i! Man chware'r cyfoethogion ydy Aspen ond ma 'na dlodi ofnadw o gwmpas y lle hefyd. Y Mecsicanwyr tlawd fydde'n dod lan o Mecsico'n anghyfreithlon i chwilio am waith ac yn cael 'u ecsploito'n amal gan bobl y Mid-west. Wild West yw hi 'na o hyd o dan yr wyneb. Gath Rhod waith miwn siop sgio i bobl ifanc, Younger Generation, yn Lionshead, a fydde fe'n ddim byd i deulu o Fecsicanwyr ddod miwn a phrynu llwyth o ddillad drud sgio i'r plant a thalu gyda charden platinum. A dim ond lawr yr hewl fydde 'na deulouedd o Fecsicans anghyfreithlon yn byw yn dlawd iawn mewn *trailers*.

DYSGU SGIO

Aeth Rhod i'r gwaith a benderfynodd Carla y byse fe'n beth da i fi gael gwersi sgio; draw â ni i Beaver Creek, a miwn i'r Hyatt Hotel am goffi. Yn y cyfamser trefnodd Carla bopeth, chwilio *instructor*, llogi sgis a *boots* a bant â fi. Dim ond dwy ohonon ni wedd yn y wers, merch ifanc hardd dal, *slim* iawn o'r enw Sheree a finne, hen fenyw o 45. Allwch chi ddychmygu pwy wedd yn cael y wers ore. Wedd yr instructor wedi anghofio'n llwyr shwt i ddangos i fi stopo – 'ny yw, wên i ddim wedi dysgu shwd i wneud aradr i chi'r sgiwyr – a gadodd e fi ar ben y myni tra wedd e'n gofalu am Sheree. Wên i ddim am aros lan fan'na am hydodd a lawr â fi ffwl pelt am yr Hyatt Hotel. Dyna lle wedd Carla'n gweiddi nerth 'i phen 'Snow plough, Jen, Snow plough', a finne'n meddwl bod hi wedi gweud 'Slow Down' yn gweiddi'n ôl, 'I can't, I can't!' ac erbyn hyn wedd yr instructor yn gwichial hefyd – nath e anghofio Sheree am eiliad. Des i i ben â stopo ar fy mhen-ôl yn yr eira jyst cyn cyrradd *lounge* yr Hyatt. Bydde rhyw Americanwr wedi cael tipyn o sioc tasen i wedi landio miwn ar 'i gôl e! Erbyn hyn, dwi'n gallu sgio ond ma'r *apres ski*'n apelio damed bach mwy.

O fewn darn o dir mor fowr â Gogledd America wedd Las Vegas ddim yn bell o Denver – rhyw ddwy awr mewn awyren dros y mynydde. Y Grand Canyon ymhell draw i'r chwith a'r Hoover Dam i weld yn glir o'r awyren. Dwi tu hwnt o nerfus yn hedfan ac yn siarad fel pwll y môr gyda phwy bynnag sy'n ishte nesa ata i. Wedd Euryn, Rhodri a theulu Carla naill yn edrych mas drwy'r ffenest ar y golygfeydd dramatig neu wedi mynd i gysgu. Ges i gwmni menyw smart iawn ar y daith a dyma hi'n gweud wrtha i 'i bod hi'n mynd i gwrdd â'i gŵr wedd wedi bod yn whare i fand Frank Sinatra yn Vegas. Wel, wên i wrth fy modd achos 'na'r agosa ddes i erioed i 'Ol' blue eyes'.

A gweud y gwir, 'nes i gasáu pob munud yn Vegas; we' chi'n ffaelu anadlu rhywffordd. *Air-con* ymhobman a phob lle wech chi'n troi wedd cannodd o beirianne gamblo a sŵn yr arian; hen fenywod bach gyda'u bwcedi o newid mân yn cerdded o beiriant i beiriant a dim gwahanieth rhwng dydd a nos. Wên ni'n aros yng ngwesty Treasure Island. Swyddog PR y gwesty drws nesa wedd ffrind i Rhodri a Carla, Betsy Blue – Iddewes chwe troedfedd. Rhywffordd neu gili ddaeth hi i ben â chal *suite* i ni, dou fathrwm anferth 'da Euryn a fi a gwely digon o seis i gysgu tîm rygbi Cymru. Ges i hireth ofnadw am Tydrath ac awel y môr. Sai'n credu yr af i byth 'nôl i Las Vegas, ond mi fyddwn wrth fy modd yn ymweld â'r Rockies 'to. Ma 'na westy bach neis iawn yn Vail o'r enw The Lodge; dyna lle'r af i rhyw ddiwrnod, dim i sgio, cofiwch, ond jyst am hoe yn y mynydde.

Tra wên i mas yn gweld Rhod a Carla yn Vail ges i brofiad braf iawn yn Eagle, pentre bach ar y ffordd i Glenwood Springs. A chofio cyment o *film buff* ydw i, allwch chi ddychmygu gweld y stryd lydan 'ma, rhyw shantis bob ochr a salŵn yn y canol. Wedd e'n edrych damed fel y llunie o Grymych ar ddechre'r ganrif ddiwethaf! Dim ond ishe John Wayne i gerdded lawr y canol a fysen ni 'nôl yn nyddie'r cowbois. Ethon ni miwn i'r salŵn, wel rhyw gaffi wedd e erbyn hyn, i gael coffi a byrger a weles i'r hen fenyw fach 'ma'n ishte yn y gornel a dechreues siarad gyda hi, fel ma rhywun yn neud. Garnet wedd 'i henw ac wedi byw yn Eagle drwy'i hoes. Wedodd Garnet wrtha i am y cowbois go iawn fydde'n dod miwn i'r salŵn ac mi gofiodd am ddyn yn cael 'i saethu yno. Sdim ots 'da fi os wedd hi'n gweud y gwir, ond licien i gredu'r stori achos bod e'n dangos mor agos yw America heddi i'r dyddie gwyllt afreolus yn y ffilmie cowboi.

Es i i salŵn arall yn ddiweddar, ddim yn Colorado ond yn Cwm Gweun. Er mod i wedi cael fy nghodi yn Shir Benfro wên i riôd wedi ymweld â Thafarn Bessie, y Dyffryn Arms, yn Cwm-gweun. Nath Sara, a'i gŵr Paul fynd â fi ar ddiwrnod braf o wanwyn, gyda Soffia a Gabriel, i gwrdd â Bessie. Os 'ych chi heb fod yno eto, mae'n werth teithio o bob rhan o Gymru i weld Bessie. Ma hi'n gwerthu unrhyw fath o ddiod o'i stafell ffrynt. Ma' dou lun ar y wal, un lliw o'r Frenhines Elizabeth ac un arall du a gwyn o'r hen Dywysog Cymru, yr un ddaeth yn Frenin Edward VIII am chydig cyn rhoi'r gore iddi. Ges i dynnu llun 'da Bessi yn ishte ar y ffwrwm tu fas i'r dafarn. Ma hi'n gymeriad cryf ac yn gwbod hanes pawb o'r ardal, er 'i bod hi'n dal i feddwl mod i'n byw yn Crymych. Fydda i'n mynd 'nôl i weld Bessie 'to a chal hanner peint o seidr i dorri syched – ond yn benna am y sgwrs.

SARA YN EFROG NEWYDD

Y Big Apple ma nhw'n 'i alw a 'dyn nhw ddim yn bell o'u lle. Deimles i fwrlwm Efrog Newydd yn rhywbeth gwahanol i unrhyw beth wên i wedi deimlo o'r blaen. Fuodd Sara'n byw yn y ddinas am bron i ddwy flynedd ac aeth Euryn a finne mas sawl gwaith.

Ar un ymweliad fuon ni yn y tŷ bwyta ar lawr top un o'r Twin Towers. Dwi'n cofio edrych draw ar yr Empire State Building, jyst fel nath Meg Ryan yn y ffilm *Sleepless in Seattle*. Y ddou dŵr enfawr 'ma fel dou stalwart yn cadw golwg dros y ddinas. Adeg trychineb 9/11 'nes i feddwl 'nôl, mor amhosibl fydde hi'r trueinied ddod lawr o'r top 'na a dod mas yn fyw.

Fi, Euryn, Sara a Lucia, ffrind gore Sara yn America – ac yn dal yn un o'i ffrindie gore – aeth am y pryd. Fuodd teulu Lucia'n hynod o garedig i Sara yn Efrog Newydd. Eidalwyr wên nhw a'u mam yn siarad bach iawn o Saesneg. Wên nhw'n byw rhyw awr a hanner mas o'r ddinas a chawson ni groeso aruthrol 'na. Wên i'n teimlo yn y tŷ 'yn bod ni ynghanol yr Eidal yn hytrach nag Efrog Newydd, gan taw Eidaleg wên nhw'n 'i siarad ar yr aelwyd.

Fuodd Sara'n gweitho i'r Blue Man Group pan wên nhw'n dechre neud enw iddyn nhw eu hunen yn Theatr Astor Place, ger Broadway, theatr fach iawn. Wedd y perfformiad unigryw yn gymysgedd o bantomeim, syrcas a chyngerdd roc gyda'r tri bachgen ifanc 'ma wedi'u gorchuddio i gyd mewn paent glas. Erbyn heddi ma'r Blue Man Group yn teithio'r byd ac unigolion gwahanol yn cymryd y rhanne tra bod y tri gwreiddiol yn datblygu'r busnes yn LA. Syniad gwych wedd cuddio'u hunen gyda'r paent glas, achos fydd neb ddim callach pan fydd rhywun gwahanol yn gwneud y *routines*. Ond rhaid cydnabod bod angen lot o dalent hefyd o dan y paent.

'Nôl i Gymru ddaeth Sara yn y diwedd a heddi mae'n byw gyda'i gŵr Paul a'r plant, Soffia a Gabriel, ym Mhontcanna, Caerdydd. Fuodd hi'n wyneb Caerdydd ym mlwyddyn y mileniwm a gath hi wisgo'r ffrog eiconig honno wedi 'i gneud allan o faner y Ddraig Goch. Mae hithe'n dal i gadw cysylltiad gyda'r cyfrynge ac yn gweitho fel ymchwilydd, yn gwneud peth actio, ac yn neud eiteme cadw'n heini a phethe tebyg.

A 'nôl i Gymru ddaeth Rhodri hefyd, i ddechre gyrfa deledu ar *Heno* lawr yn Abertawe. Erbyn hyn mae e'n byw yn Chiswick yn Llunden gyda'i gariad, Helen. Fel tipyn o hobi ma nhw'n cadw ffowls yn yr ardd gefen a'r rheiny'n dodwy dou wy ffres bob dydd.

GWYLIE GYDA'R PLANT

Er bod y rhan fwya o'n gwylie'n cael 'u hala lawr yn Tydrath yn Ger-y-Waun, y bwthyn brynodd Dad ar hewl y myni, wên ni'n mynd bant fel teulu ar wylie tramor hefyd.

Mi fydde Rhod a Sara'n cofio un gwylie arbennig nethon ni dreulio yn Sisili pan wedd Sara'n wyth a Rhod bron yn un ar ddeg. Nethon ni benderfynu mynd adeg gwylie Pasg a dewis gwylie itha tsiêp mewn gwesty arbennig o neis – tipyn o fargen yn ôl y papur newydd. Gwesty newydd sbon jyst tu fas i dref Cefalu wedd e. A chofio taw cartre'r Maffia yw Sisili, ddylen ni fod wedi bod yn barod am syrpréis. Yn arwyddocaol, falle, wên ni'n hedfan mas ar Ebrill y cyntaf. Ar ôl cyrradd maes awyr Palermo, aethon ni i gyd i mewn i'r bws i'n cludo i'r gwesty a bant â ni. Ar y ffordd, dyma'r courier yn gweud wrthon ni am edrych i'r dde ar y gwesty hardd 'ma, cyn cyhoeddi fod y gwesty heb 'i orffen 'to ac y bydde'n rhaid inni aros nosweth mewn gwesty arall lawr y ffordd, reit wrth ochr y stesion trên yn Cefalu. Ethon ni miwn a gweld fod y lle nid yn unig wrth ymyl rheilffordd fishi a swnllyd iawn, ond fod 'na *cockroaches* yn y stafell hefyd! Bob tro fydde'r trên yn paso fydde'r lle'n shiglo. Diolch byth, un nosweth fuon ni yno a'r diwrnod nesa ddaeth y bws 'nôl a mynd â ni lan i'r gwesty pum seren 'ma – marmor ymhobman a'r plant erbyn hyn yn edrych mlân yn sobor i fynd i nofio yn y pwll mowr o flaen y gwesty. Pan ethon ni lawr i'r pwll, welon ni ddim ond modfedd neu ddwy o ddŵr ac Eidalwyr mewn siwts yn dadle wrth 'i bwys. Ma'n debyg fod y perchnogion heb dalu tolle i'r Mr Big lleol a wedd hwnnw wedi trefnu i atal y dŵr nes 'i fod e'n cael 'i ffi.

Penderfynodd rhai o'r bobol dreulio'r gwylie'n conan am y sefyllfa ond benderfynon ni wneud ein gore i fwynhau'r wthnos a neud ffrindie gyda'r *housekeeper*. Dreulion ni sawl nosweth yn siarad gyda hi am ddylanwad y Maffia yn yr ynys. Gawson ni wbod pam fod popeth wedi hanner 'i gwpla gan y fenyw ddaeth draw o Loeger yn ferch ifanc i weitho fel *governess* i deulu mowr yn Cefalu a ffeindio mas bod nhw'n 'ddylanwadol' iawn yn yr ardal. Nhw drefnodd iddi hi fynd i mewn i'r gwesty i edrych ar ôl pethe tra bod y ffrae yn mynd mlân rhwng perchnogion y gwesty a'r *Cosa Nostra*. Ar ddiwedd yr wthnos, wên ni'n edrych 'nôl a gweud, 'jiawch, joion ni'r gwylie 'na!'

Ma'r plant yn cofio mynd miwn i Cefalu gyda'r nos i weld pasiant dathlu'r Pasg, cael pizza arbennig o ffein wedyn, a pherchennog y pizzeria'n cynnig lifft i ni 'nôl i'r gwesty. Wên ni i gyd yn meddwl fod 'i gar e'n un mowr iawn ond pan ethon ni tu fas gwelon ni taw Fiat bach iawn odd e a ni'n gorfod gwasgu miwn fel *sardines*. Wedd Rhodri wrth 'i fodd 'i fod e'n mynd mor glou, finne'n ffaelu cael 'y ngwynt yn y cefen ac Euryn yn edrych itha gwyn. Fuon ni ddim 'nôl i Sisili wedyn.

Un flwyddyn fe benderfynodd tri teulu a'r plant fynd i Creta yr un pryd. Ma Sara a Rhod wastad yn gweud taw dyna'r gwylie gore gethon nhw rioed. Wedd 'da'n cymdogion drws nesa yn y Knap fachgen a merch sha'r un ôd â Rhodri a Sara. Ma Gwen a Stan yn dod o Wynedd a'r plant, Adrian a Bethan, wedi'u magu yn Southampton cyn i'r teulu symud drws nesa i ni. 'Yn ni'n ffrindie mowr. Ffrindie mowr erill ydy'r Morgans – Dilwyn, Mary, a'r tri phlentyn, Elin, Bethan a Iestyn. Ma'r plant i gyd wedi tyfu lan gyda'i gili yn y Barri.

Unwaith 'to, dros y Pasg yr ethon ni i Creta a gweld pasiant gwahanol – *Agios Nicholas* – yn mynd drwy'r dre tro hwn ar Sul y Pasg, a gwahanol ddathliade ymhobman. Ond beth ma'r plant yn gofio fwya odd mynd mas i fyta yn y Tavernas – wedd tri ar ddeg ohonon ni mas bob nos; er ein bod ni'n aros mewn bythynnod gwahanol wên ni'n mynd mas gyda'n gili i fyta. Gawson ni fwthyn bach reit wrth ymyl y môr, a bob bore fydde 'na fugail yn arwain diadell o eifr a'r rheini â chlyche bach rownd 'u gwddfe (y geifr, ddim y bugail). Allech chi byth obeithio am gael hoe hwyr yn y gwely, gyda'r geifr 'ma fel cloc larwm. Licien i fynd 'nôl i Creta rhyw ddydd; sai'n credu bo ni wedi gweld hanner yr ynys.

Ma ynysoedd Groeg wastad wedi 'nenu i. Yn 1978 aeth Dil, Mary, Euryn a minne, heb y plant tro 'ma, i Cyprus. Wedd y Twrciaid newydd gymryd drosodd rhan ogleddol yr ynys. Ma pethe wedi newid tipyn 'na erbyn hyn ac ma 'na ddou faes awyr. Dim ond Larnaka wedd 'na pan ethon ni. Tacsis wedd yn mynd â ni i bobman a phob un yn Mercedes. Wedd 'na un dyn tacsi arbennig wedd yn mynd â ni o gwmpas ac wedd e'n lico adrodd hanes shwt wedd e wedi dianc rhag y Twrciaid. Wedd e wedi dod o Nicosia a jiengid rhyw nosweth gyda'i deulu dros y perci gyda dim ond y dillad wên nhw'n 'u gwisgo. Wedd hi'n amser anodd i'r Groegiaid yn Cyprus. Dim rhyfedd fod cymint o Roegwyr Cyprus wedi cartrefu yn y Barri dros y blynydde ac wedi sefydlu busnese'n trin gwallt a rhedeg caffis a siope tships rownd y dre.

Allwch chi gael pysgod ffres ymhob caffi yn Cyprus ond mi

aeth e â ni i'r lle gore, medde fe. Bason ni lot o lefydd byta neis ar y ffordd mas o'r dre ond nath e ddim stopo yn yr un ohonyn nhw. Wedyn dyma fe'n stopo o flan shed ynghanol nunlle. Pan weles i'r adeilad dynnes i'n anadl miwn. Shed wedd y lle 'ma, dim ond shed sinc a drws shigledig. Ond miwn â ni. Gawson ni ddim dewis, dim ond un pysgodyn anferth ar blat mowr a phlatie bach i ni dynnu darne ohono. Ma Dil wastad yn gweud taw dyna'r pysgodyn mwya a ffeina mae e wedi'i brofi eriôd, ac wên ni i gyd yn gytûn. Sai'n gwbod enw'r pysgodyn ond fu'r un ohonon ni'n dost ar ôl 'i fyta.

Pan aeth Sara i'r brifysgol, gofynnodd Anti Doreen, Ferryside, i fi fynd mas gyda hi am wylie at 'i brawd, Harold John (nai i Dat-cu, Lewis Lewis). Ges i wahoddiad i aros gyda ffrindie, Lita Rutherford, wedd yn berchen *villa* grand iawn uwchben un Wncwl Harold John. Drefnon ni y bydden ni'n chware golff a gan bod Nest yn lico'r houl, benderfynodd hi ddod gyda fi. Hefyd, gan fod Rhodri'n ddi-waith gath e'r alwad i ddod i helpu Wncwl Harold John i glirio'r *villa*: ar ôl byw yno am ddeunaw mlyne, wedd e wedi penderfynu symud i Jersey i fyw mewn gwesty wedi iddo golli 'i wraig.

A dyna fel y bu hi, y pedwar ohonon ni: Anti Do, Rhod, Nest a fi, braidd fel trip ysgol yn mynd i'r Algarve. Nest yn aros mewn gwesty neis iawn lawr wrth y môr, jyst tu fas i Lagos; Rhod ac Anti Do gydag Wncwl John, a fi lan yn y *villa* arall gyda Lita. Dwi'n meddwl taw dim ond un gêm o golff ges i yn Penina. Fi wedd y swyddog cyswllt rhwng pawb am yr wthnos. Nath Rhod ffeindio mas fod 'na bedwar bachgen ifanc yn aros drws nesa, ac fel ma bechgyn ifanc yn neud, penderfynu mynd mas gyda'r nos i Lagos. Dim problem. Ond wên ni i gyd wedi anghofio bod Wncwl John, cyn mynd i weitho yn Wall Street yn Efrog Newydd, wedi bod yn swyddog uchel iawn yn y Llynges – Commander dwi'n credu – ac yn un am gadw amser i'r eiliad. Codi am saith, brecwast am wyth, un diod cyn cino am hanner dydd, a diod arall cyn swper am chwech; dyna batrwm 'i fywyd, a fiw i neb ypseto'r drefen 'na.

Ta beth, druan â Rhod, gafodd e a'r bechgyn nosweth fowr yn Lagos yn anffodus; wên nhw'n hwyr yn dod 'nôl ac yn hwyr yn codi. Wên i lan yn Casa Rosa gyda Lita, yn ishte'n braf yn houl y bore wedyn yn penderfynu lle wên ni'n mynd i chware golff y diwrnod hwnnw. Dyma fi'n gweld Rhod yn dod lan yr hewl yn edrych braidd yn ddiflas. 'Mam, ma Wncwl John wedi twlu fi mas o'r *villa* achos ffaeles i godi am saith i gael brecwast am wyth.' Pob un wedi ypseto'n lân erbyn hyn gan gynnwys Anti Do. Gan fod 'i chroen hi'n itha gwyn, gath hi ormod o houl ac wedd rhaid iddi fynd i'r ysbyty a Nest a fi'n ishte gyda hi yn yr ambiwlans. Diolch byth, erbyn y bore wedyn, wedd hi'n teimlo'n well. Ges i Rhod miwn i'r gwesty ar y trath ac fe gath e wthnos wrth 'i fodd yn y diwedd. Ar lan y môr y bore wedyn sylwodd Nest taw'r dyn odd yn rhentu'r *deckchairs* aeth ag Anti Do yn yr ambiwlans! Dim y gwylie wên i'n ddishgwl ond yn y diwedd nath yr hen wncwl feddalu a phawb yn ffrindie cyn dala'r awyren 'nôl i Gaerdydd. Wên i'n teimlo fel gwylie arall ar ôl cyrradd getre.

PYSGOTA

Pan wên i'n blentyn y peth neisa allen i feddwl amdano wedd mynd i bysgota gyda Dad. Prin alle Dad baso unrhyw afon fach heb stopo'r car i weld cyflwr y dŵr. Pontrhiwfelen wedd y ffefryn. Weithie fydde Mam a Jo yn dod hefyd a fysen ni'n cael picnic ar lan yr afon os bydde'r tywydd yn ffein. Ond wedd rhaid bod yn dawel iawn ar lan yr afon, a gan mod i'n 'i chael hi'n anodd ishte'n dawel, wên i'n cael stŵr am gynhyrfu'r trowt. 'Cer 'nôl i'r car', 'na wên i'n ga'l, 'ti'n hala ofon ar y pysgod a ddalia i ddim i swper i ni heno'. Weithie bydde llond bag o bysgod gyda Dad, a sdim byd yn well na trowtyn brown ffres o'r afon – dyw'r pethe pinc 'ma 'ych chi'n brynu heddi ddim yn blasu 'run peth, odyn nhw? A weithie falle dim ond dou neu dri wedd e'n ddal. Ond unwaith nath e ddala sewin. Wel, am gyffro! Ac wedyn y pleser o'i fyta i swper; ma well 'da fi flas sewin na samwn ac ma fe bron gymint o faint.

90

Dwi'n cofio Eluned Philips y bardd yn adrodd 'i hanes wrth Euryn a finne am bysgota samwn yng Nghenarth pan wedd hi'n ferch ifanc a'r potsiars yn gamsters ar gwato oddi wrth y bailiffs. Un o gymeriade Nanhyfer ger Tydrath wedd Gerry Webb. Dyn bach byr wedd Gerry alle ddala samwn reit o dan drwyn y bailiff. Wedd Dad yn gweud gan 'i fod e mor fyr wedd e'n galle cwato dan gerrig yn yr afon. Ma Gerry wedi hen fynd ond ma pawb yn yr ardal yn cofio amdano.

Pan ddaeth Dad i fyw 'da ni yn y Barri fydden i'n mynd ag e am wylie bob haf. Tenby wedd y ffefryn ac aros gyda Bill a Doris yn yr Atlantic. Ma 'na olygfeydd bendigedig dros y môr o'r gwesty draw i Caldey.

Un tro wedd Dad wedi penderfynu dod â'i wialen bysgota 'dag e a rhyw bethe bach mewn tun rownd; maggots dwi'n credu wên nhw. Sai'n siŵr a wên nhw'n gyfreithlon i'w defnyddio ar gyfer pysgota, ond dod â nhw nath Dad. 'Rhaid i fi gadw rhein mewn dŵr, t'weld, Jen', a dyma fe'n hanner llenwi'r bath ac arllwys y pethe bach gwyn 'ma miwn. Allwch chi ddychmygu'r sioc gath y ferch pan ddaeth hi i deidio stafell Dad y bore wedyn? Ond gethon ni ddiwrnod bendigedig yn pysgota ar afon fach yn agos i Robeston Wathen. Fel wedd hi'n digwydd, wedd Dad yn nabod perchen y fferm gyfagos – shwt sai'n gwbod, ond gath e ganiatâd 'dag e i bysgota'r afon. Wedd Dad yn 'i wythdege erbyn hyn, ond yn dal yn fentrus iawn. Benderfynodd e fynd reit lan i ymyl itha serth i dowlu'r lein miwn. Oni bai mod i wedi cydio yn 'i got, fydde fe miwn i'r afon dros 'i ben. Gostiodd y diwrnod 'na ddim byd i ni ac wedd e'n neud fi mor hapus i weld Dad wrth 'i fodd unwaith 'to ar lan afon.

Tasen i'n cael unrhyw ddymuniad dwi'n meddwl taw cael cyfle i fynd i bysgota, naill ai yn yr Alban neu Iwerddon, a chal *ghillie* gyda fi, fydde hwnnw. Y peth yw, nath Dad fyth ddangos i fi shwt i gasto lein yn iawn, a dwi'n siŵr base'r *ghillie* yn gallu neud – neu stico pysgodyn ar ben y lein tase popeth arall yn ffaelu!

GWYLIE 'DA ANTI MIF AC ANTI GWLADYS

Modryb iawn i Euryn wedd Anti Mif. Fuodd Myfanwy Barker, chwaer i'w dad, yn Gofrestrydd Cynorthwyol genedigaethe, priodase a marwolaethe yn Abbey Road, Bangor. Fydde pawb yn 'i nabod hi a'i gŵr, Wncwl Dei, nath adel gweitho ar y rheilffordd a mynd yn borter i hostel y Brifysgol pan wedd Euryn ym Mangor – falle i gadw llygad ar Euryn, er ma dowt 'da fi!

Ddwy flynedd ar ôl marw mam Euryn briododd Alun Ogwen â Gwladys, menyw hael iawn o Fae Colwyn ond wedd hi'n itha *domineering* ac wedd hi'n fishi iawn gyda pob math o gymdeithase lleol. Ar ôl colli Alun Ogwen yn fuan wedi iddyn nhw briodi, nath Anti Mif ac Anti Gwladys ddod yn ffrindie mowr a bob haf fydden nhw'n cael trip i aros gyda ni yn Ger-y-Don yn y Barri. Bydde Gwladys yn dreifo ac Anti Mif yn ishte'n dawel tra bod Anti Gwladys yn trio ffindio'i ffordd i'r de a hithe mhell dros 'i saith deg ar y pryd.

Fydde Anti Mif yn neud taffi triog i Rhod a Sara ac i blant y byd, a gweud y gwir, ac mi fydde'r ddou'n dwlu arni, ond gan bo fi'n dod o'r de, wedd 'da fi ddim syniad beth wedd taffi triog! I ddechre fydde Anti Mif yn 'i chal hi'n anodd deall iaith Shir Benfro a finne'r un peth gyda iaith Bangor: bydden ni'n gorfod troi i'r Saesneg i ddeall 'yn gili weithie! Wedd hi'n gweu gwisgoedd lyfli i ddolie bach – fe wnaeth wisg Gymreig i sawl un o ddolie Sara a'i ffrindie. Mi nath 'i gore i ddysgu i fi neud *crochet*, ond heb lawer o lwc.

Wedd Anti Mif braidd yn drwm 'i chlyw ac yn gwisgo *hearing aid*. Sawl nosweth pan fydden ni'n ishte yn cael sgwrs ac Anti Gwladys yn siarad am beth fydde hi'n 'i gynhyrchu nesa i'r *Ladies Federation*, fydden i'n edrych draw ar Anti Mif a'i gweld hi'n nodio'i phen a gwên ar 'i hwyneb. Wedyn sylweddoles i fod yr *hearing aid* wedi'i droi bant! Dyna shwt fydde hi'n ymdopi gydag Anti Gwladys ac, yn ddistaw bach, wên i reit genfigennus o Anti Mif yn gallu switsio bant mor rhwydd!

Mi wydde Dad fod cael y ddwy lawr 'da'i gili weithie yn itha blinedig i fi, o gofio bod Rhod a Sara'n blant bach. Un diwrnod gynigodd e fynd ag Anti Gwladys am drip bach i Borth-cawl. Benderfynodd Anti Mif aros getre gyda fi yn gweu. Car bach coch wedd 'da Dad, 'Bertie' wên ni'n 'i alw, a bant â nhw i Borth-cawl. Wên nhw itha hwyr yn dod 'nôl achos bod Anti Gwladys wedi drysu Dad gymint nes iddo fe anghofio lle gadawodd e'r car ar y prom. Am ffws! Fuodd 'na hen drafod y diwrnod ar ôl dod getre ac Anti Mif yn gwenu a nodio. 'Na'r tro dwetha aeth Dad a Anti Gwladys am *spin*.

GWYLIE GYDA EURYN YN FFLORENS

Wên i eriod wedi bod yn Tyscani a Fflorens, er bod Euryn wedi bod sawl gwaith yn ffilmo ac yn sôn mor bert wedd y wlad o gwmpas. Gethon ni wahoddiad i fynd i aros gyda teulu jyst tu fas i Fflorens, yn Pontassieve. Eidalwyr wên nhw a'r wraig, Paula, yn cadw gwely a brecwast, a hefyd yn arlunydd. Mab Annigoni wedd 'i ffrind hi. Lle mas o'r byd 'ma; hen ffermdy o'r unfed ganrif ar bymtheg, wedi'i addasu ond eto wedi cadw'r naws hynafol. Lawr yr hewl fydden ni'n clywed sŵn siantio yn dod o gwfaint, ac os wech chi'n lwcus mi allech fynd miwn i wasaneth a grondo ar y lleianod yn canu; dwi eriôd wedi clywed canu tebyg. Ar ôl gorffen wên nhw i gyd yn diflannu fel seren wib. Mi allech chi hefyd brynu mêl, wye ac ati ond fydde rhaid curo ar ddrws bach yn y wal, gweud be wech chi isie a gadel yr arian ar y silff. Fydde neb yn ateb. Ond wedi aros am eiliad bydde rhyw olwyn fach yn troi a dyna lle fydde'r nwydde wech chi wedi gofyn amdanyn nhw yn dod mas ar y silff. Dwi ddim yn gwbod shwt ma nhw'n gallu byw heb siarad; ma fe tu hwnt i fi.

Gan bod ni mor agos i Fflorens allen ni ddim peido â galw i weld perthynas i'n gyfnither Gay, gan bod honno'n byw ynghanol y ddinas. Mi briododd hi â bachgen o Fflorens. Ffindion ni'r tŷ a dyna i chi le, mwy fel hen balas ynghanol tai

93

erill a gardd fowr yn y cefen. Gethon ni'n tywys rownd y tŷ a'r gerddi a gweld adfeilion yno. Mae'n debyg taw dyma fan cyfarfod Machiavelli a'i fêts, wedd yn byw yn Fflorens yn yr unfed ganrif ar bymtheg. Gath Euryn fodd i fyw gan fod Machiavelli yn dipyn o arwr iddo fe.

Aeth Paula â ni am drip i San Gimignano, hen dre sy'n denu twristiaid ac sy'n neud i chi feddwl am Efrog Newydd gan fod yna gyment o dyrre yno. Ma'r hanes yn mynd yn ôl lot pellach nag Efrog Newydd, wrth gwrs, mor bell 'nôl â 200 i 300 CC. Dyna lle wên ni'n gwrando ar y telynor yn y palazzo, pan gawson ni neges bod Lisa Erfyl wedi marw. Gath y ddou ohonon ni bwl mawr o hireth a theimlo'n drist iawn wrth gofio am Lisa'n canu'r delyn.

NÔL I WEITHO

HTV

Yn 1981, sefydlwyd S4C ac mi gafodd Euryn 'i benodi'n Bennaeth Rhaglenni. Allen i ddim ffeindio gwaith yn Gymraeg yr adeg 'ny am fod Euryn ynghlwm â'r unig sianel allen i fod yn ymddangos arni. Fuodd Wendy Williams yn hynod o garedig i mi yr adeg hyn, gan 'i bod hi'n gwbod mod i isie gweitho a gofynnodd i fi fynd miwn i'r swyddfa i helpu llenwi amlenni yn HTV ar gyfer prosiect addysg wedd hi'n 'i neud. Fel sy'n digwy' bob amser yn y byd teledu 'ma, os 'ych chi obiti'r lle, ma pobol yn cofio amdanoch chi a wên i nawr â chyfle i ofyn am dipyn o waith yn HTV. Dyma pryd gwrddes i am y tro cynta â'r gŵr ifanc direidus Hywel James, un arall o Shir Benfro, yn gweitho ar raglenni ffermio yn Saesneg i HTV gyda Mike Lloyd Williams; ni wedi bod yn ffrindie ers 'ny.

Pan wên i'n gwerthu cashmere yn Jaeger yn y chwedege, daeth Judith Chalmers miwn i'r siop rhyw ddiwrnod; wedd hi'n gyhoeddwraig gyda'r BBC yn Llunden pryd 'ny. Meddylies y pryd 'ny y bydde'r swydd 'na jyst y peth i fi. Donald Hill Davies o Landudoch, fu hefyd yn ysgol Aberteifi chydig o mlân i, wedd Pennaeth Adran Cyhoeddi HTV ar y pryd. Mi ofynnes iddo sawl tro pan wên i'n fishi yn llenwi'r amlenni i Wendy, i adel imi neud tamed bach o *continuity* tra wedd rhywun yn dost neu ar 'i wylie. O'r diwedd, mi ges i alwad i fynd am brawf cyhoeddi rhwng rhaglenni yn y bocs bach lan llofft. Bases i'r prawf ac er na wedd gwaith ar y pryd, mi wedon nhw wrtha i am fynd i gael hyfforddiant. Un o'r cyhoeddwyr profiadol wedd Dilwyn Young Jones ac fe gath y job o ddysgu'r sgilie i fi ac ar bethe technegol, wên i angen lot fowr o hyfforddi.

Rhyw ddiwrnod gorfod i Dil fynd lawr i weld Don yn y swyddfa, 'Fydda i ddim yn hir,' medde fe. 'Paid â becso, neith y bois ddim dy roi di ar yr awyr.' Ond wir, tra bod y ddou'n trafod, ar y set fach yng nghornel y swyddfa, lan ddes i o'u blaene nhw. Wedd rhywbeth wedi mynd o'i le ar y darllediad a gorfod imi wneud rhyw fath o ymddiheurad. Dyna shwt dechreuodd y bennod nesaf yn fy hanes ym myd teledu.

Tra wên i'n gyhoeddwraig mi nath fy ffrind Adrienne Roberts helpu mas lawer gwaith. Ma siop arbennig gyda Adrienne yn y Bont-faen, Jenny Wren, yn gwerthu'r gemwaith perta a mwya drud allwch chi feddwl amdano. Yn amal iawn fydde hi'n rhoi benthyg rhywbeth i fi wisgo ar y sgrîn. Wedyn fydde'r gwylwyr ishe gwbod lle o'n ni wedi cael y *necklace* bert 'na. Wên i wrth fy modd – ac wedd Adrienne hefyd! Dros y blynydde, mae Adrienne wedi bod yn mynd dramor i arddangosfeydd gemwaith i brynu pethe i'w gwerthu yn y siop. Ofynnodd hi i fi fynd gyda hi un tro ar un o'r trips hyn i Vicenza jyst tu fas i Fenis. Dwi'n cofio hedfan miwn i Fenis, a finne eriôd wedi bod 'na o'r blân, dod bant o'r awyren, a cynnig mynd i chwilio am dacsi. 'No you won't, Jen,' medde Aidy, 'we will have to take a *vaporetto*.' Wên i ofon taw rhywbeth fel sgŵter Lambretta wedd e ac wên i riôd wedi reido motor-beic ond ges i'r un faint o sioc i fynd ar y cwch 'ma wedd yn mynd fel y gwynt â ni i'r gwesty bach gwely a brecwast.

Ma 'na wastad ddisgwyliade mowr pan 'ych chi'n mynd i le mor hanesyddol ac enwog â Fenis. Ches i mo'n siomi o gwbwl a gan 'i bod hi'n fish Medi, wnes i ddim arogli'r drewdod sydd yno ynghanol yr haf. Un nosweth ethon ni mas i fyta ac Aidy'n gyfarwydd â Venice yn gwbod y llefydd gore i gyd. Steddon ni tu fas i'r lle bwyta gan 'i bod hi'n nosweth mor fwynedd. Ar y ford nesa i ni weles i rywun wên i'n 'i nabod. 'Aidy,' medde fi, 'that's Anthony Hopkins and his wife.' Ar ôl gorffen a chal y bil, aethon ni i gael sgwrs gydag Anthony a'i gael mor gwrtais, yn gofyn o ble wên ni'n dod, ble wên ni'n aros a phethe felly. Wedi dod miwn y bore 'ny ar yr *Orient Express* wedd e, ac yn

Cyflwyno rhaglen golff gyda'm
gwestai, Gareth Edwards.

Chware golff i godi arian i'r
Bone Marrow, gyda Wendy
Motton a'i gŵr Aubrey.

Dewi Pws, Huw Ceredig a fi gyda phennaeth Panasonic mewn gêm golff ar
gwrs Penarth. Panasonic wedd yn noddi'r tywydd ar S4C ar y pryd.

Roi cwpwl o tips golff i Rhodri pan wedd e'n ifanc.

Rhodri'n ennill gwobr golff pan wedd e'n Junior Captain yng Nghlwb Golff Brynhill, y Barri.

Jonny Briggs, Wendy Motton a fi mewn twrnament yn Wenfo i godi arian i'r Bone Marrow.

Jo a fi'n cyflwyno gwobr i Morris Evans ar ennill y gystadleueth golff er cof am Dad – y *Jack Jones Putter*.

Dylan, fi, Jo a Rhodri cyn y *Jack Jones Putter*, yng Nghlwb Golff Tydrath, (Wnes i ennill y flwyddyn honno!)

Gyda Brian Huggett, cyn-gapten y Ryder Cup.

Tîm golff gan gynnwys Rhodri, Vince Jones ac Eric Dafydd S4C yn chware i godi arian i'r Bone Marrow.

Cartre Wncwl Harold John yn yr Algarve, gyda'i chwaer, Anti Doreen.

Nest a Rhodri yn Lagos yn yr Algarve yn ystod y gwylie bythgofiadwy.

Whalpyn o wely yng ngwesty Treasure Island, Las Vegas.

Enjoio'r houl a'r eira yn Aspen, Colorado.

Sara a fi ar ben yr Empire State Building yn Efrog Newydd, a King Kong yn y cefndir!

Euryn a fi gyda Sara a'i ffrind Lucia yn y bwyty ar dop y Twin Towers yn Efrog Newydd.

Sgio yn Beaver Creek, Colorado.

Rhodri a fi ar ôl diwrnod o sgio yn Vail, Colorado.

Tu fas i'r Palazzo Caroline yn Florence; dyma'r ardd lle bu Machiavelli'n cynllwynio.

Yng ngardd Machiavelli yn Florence.

Bessie a fi tu fas i'r Dyffryn Arms, Cwm Gweun.

Mynd 'nôl i weld plant Ysgol Gynradd Crymych, gyda'r Prifathro, Mr Llewelyn.

Y Frenni Fowr, ble ma 'nghalon.

Mam yn 'i ffrog fedydd, 1912.

Beca ar ddydd 'i bedydd, yn ffrog fedydd Mam.

Sara ar ddydd 'i bedydd, yn gwisgo ffrog fedydd Mam.

Sara gyda Soffia, yn gwisgo ffrog fedydd Mam, ar ddydd 'i bedydd hithe.

Sara a Paul gyda'u ffrindie, ar ddydd bedydd Gabriel.

Sara, Paul, Gabriel a Soffia ar ddydd bedydd Gabriel.
Ma'r ffrog yn para i fynd!

Anti Ieu a fi yng nghartre'r henoed, Cilwendeg ger Boncath.

Dad yn mynd ag Anti Gwladys am spin i Borth-cawl!

Seld enwog Anti Ieu.

Anti Gwladys, Anti Mif, Rhodri, Sara a Seth Edwards.

Ithwen a fi yn Tenby

Rhodri, fi a Sara yn fabi.

Sara.

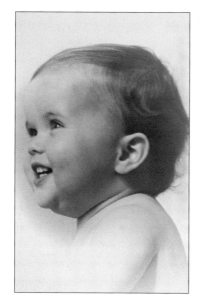

Rhodri.

Y ddau yn y 1980au.

Dad gyda Rhodri, Sara a Beca yn Ger-y-don, y Barri.

Beca, merch Jo.

Sara yn y ffrog enwog. Hi wedd wyneb Dinas Caerdydd yn 1999.

Derbyniad priodas Sara yng
ngwesty Dewi Sant, Caerdydd,
19 Tachwedd 1999.

Sara ar ddiwrnod 'i phriodas.

Hen ffrindie, y Kembles: Ann, Roy, Jill ac Anti Dilly;
Dad, Jo a fi ar ben-blwydd Dad yn 80.

Rhodri, Dad a Jo ym mhriodas Sara a Paul yn 1999.

Jo, Dad a fi yn y *lounge* yn Ger-y-don, y Barri.

Rhodri, Sara, Euryn a fi mewn dawns yn Neuadd y Ddinas, Caerdydd, i godi arian i'r Bwthyn ym Mhontypridd.

Dad yn pysgota.

Dad a fi – fe wastod yn arwain a fi'n dilyn!

Shauna Lowry, Rolf Harris a Rhodri yn cyflwyno *Animal Hospital*.

Helen a Rhodri.

Soffia a Gabriel . . .

. . . mor debyg
i Sara a
Rhodri pan
wên nhw'n
fach!

Paul, Sara a'r plant yn Majorca.

Nana, Taid, Gabriel a Soffia,

Euryn a fi gyda Soffia ar ddydd
dathlu ein priodas ruddem.

Yma o hyd!

aros yn y Danieli, gwesty moethus iawn. Wedon ni bod ni jyst yn aros rownd y gornel, mewn *B & B*.

Cyn gadel Venice, ethon ni draw i'r Cipriani, gwesty arall ynghanol y lagŵn. Pan gyrhaeddon ni ar y cwch, mi welson ni fod pawb yn 'u *towelling robes* yn cerdded obiti fel tasen nhw newydd ddod mas o'r bath. Beth bynnag, mi gethon ddisied o goffi a hufen iâ neis iawn cyn troi am y maes awyr. Welon ni Anthony Hopkins a'i wraig yno yn paratoi i fynd ar awyren arall a theimles i bod 'na rywbeth addas iawn ein bod yn gadel un o ddinasoedd mwyaf enwog y byd yr un pryd ag un o'r Cymry enwocaf – ac ynte'n ŵr mor neis a diffwdan.

Tra wên i'n gweitho yn HTV wedd 'na ddigon o sbort lan lofft yn *master control*. Ma pobol sy'n gweitho yn y rhan honno o'r broses yn wahanol iawn i weddill pobol teledu. Ma nhw'n gweitho shiffts er mwyn cadw i fynd rhyngddyn nhw am beder awr ar hugen heb stop. Wedd dou focs cyflwyno ac wên i, wrth gwrs, yn gweitho ar ochr HTV Wales. Draw yn y bocs bach arall yn cyhoeddi i HTV West, dyna lle wedd Sara Edwards, ddaeth yn ddiweddarach wrth gwrs yn un o wynebe mwya adnabyddus Cymru ar y BBC.

Ddes i i nabod dyn annwyl iawn wedd yn neud tipyn o gyflwyno llaw-rydd lawr yng Nghaerdydd o bryd i'w gili. 'I enw wedd Tom Edwards, ac wedd e hefyd yn gweitho i Thames yn Llunden. Drefnodd Tom i fi fynd i gael gwrandawiad arall gyda'r pennaeth cyhoeddi yn Thames ac fe ges fynd lan i Lunden ar adege i weitho fel cyhoeddwraig. Ambell waith wên i'n gorfod neud shifft drwy'r nos, a dala'r trên wyth yn y bore 'nôl i Gaerdydd. Wedd hynna'n lladdfa a dweud y lleia, ond eto yn brofiad na fydden i ddim hebddo. Yn un peth, wên i'n teimlo mod i wedi cyflawni uchelgais wedd gyda fi pan wên i'n dechre yn Llunden dros ugen mlynedd ynghynt.

Gan ein bod ni i gyd – Margaret Pritchard, Arfon Haines Davies, Dilwyn Young Jones, Sue Powell Reed a finne – yn wynebe reit adnabyddus, wên ni'n cael gwahoddiade i gyflwyno cyngherdde ac ati. Fues i mewn sawl clwb yn y Cymoedd yn helpu codi arian i wahanol elusenne. Ambell waith wedd Dad yn dod gyda fi am drip.

Wedd sôn am adeilad newydd ar gyfer HTV yn cael 'i adeiladu yng Nghroes Cwrlwys yn 1984, ond lawr yn Pontcanna gwrddes i â Nest Evans am y tro cynta. Wedd hi wedi mynd i ddysgu yn Llantrisant ar ôl bod yn astudio cerdd yng Ngholeg Cyncoed ond nawr wedd hi wedi symud i fyd teledu ac yn gweitho fel ymchwilydd i Dot. Dot wedd ein mam ni i gyd ac wedd Nest wedi dod i ddeall yn ddigon da pan fydde Dot yn edrych arnoch chi â'r ddou lygad glas mowr 'na, wedd hi'n meddwl busnes. Dros y blynydde ma Nest wedi bod yn ffrind da, a fues i'n gweitho gyda hi ar sawl rhaglen i blant. Wedd Nest yn gamster ar sgrifennu sgriptie; dwi ddim yn nabod neb alle droi sgript mas mor glou â Nest. Fuodd 'na sawl cyfres: *Plop y Broga Bach* – fi wedd llais Plop. Wedyn ddaeth *Mrs Potpupur*. Wên i fel arfer yn seilio'r lleise ar rywun wên i'n nabod a phan wên i'n gweld y cymeriad, fydden i'n gweitho mas i bwy wên nhw'n debyg: wna i dim manylu ar bwy fan hyn! Dwi'n meddwl mod i wedi cael tamed o ddawn Mam i ddynwared pobol, sy'n help mowr pan 'ych chi'n gorfod meddwl am nifer o wahanol leise. Fues i'n gweitho lot fowr hefyd ar greu lleise gyda Pat Griffiths. Ma gyda Pat 'i chwmni 'i hunan a sawl gwaith fues i yn y stiwdio yn recordio lleise ar gyfer gwahanol gartwne i blant, ac wedd e mor braf gallu neud y rhain a gweitho fel cyhoeddwraig yr un pryd.

Dwi'n credu ma'r gyfres fwya doniol a direidus wnes i gyda Nest wedd *Parablu*. Bydde criw o actorion yn actio rhyw ddrama fach yn gynta ac wedyn bydde pypede o'r enw Madam Fflur a Tilsli yn rhoi'r wers; fi wedd llais Madam Fflur a Kevin Davies wedd llais Tilsi. Andy Bradshaw a Geoff wedd yn gweitho'r pypede, druan ohonyn nhw. Wedd e'n waith caled iawn iddyn nhw, yn gorfod gorwedd ac ishte mewn sefyllfaoedd anghyffyrddus iawn tra wedd Kevin a minne'n cael ishte'n braf ar ddwy sêt yn darllen y sgript. Y tîm cynhyrchu wedd Nest, Wendy Williams ac Avril Rowlands. Weithie wên ni'n recordio

Parablu yn ystod y dydd ac wedyn yn mynd lan i neud shifft nos o gyhoeddi rhwng rhaglenni. Erbyn hyn wedd HTV wedi symud lan i Groes Cwrlwys a'r Dywysoges Diana wedi agor y lle'n swyddogol.

CYFLWYNO MISS WALES

Fuodd Dilwyn Young Jones a fi'n cyflwyno sawl *beauty contest* ym Mhontypridd. Yr un fwya cofiadwy, am wahanol resyme, wedd *Miss Wales*. Daeth Eric Morley 'i hunan i lawr o Lunden i fod yn un o'r beirnied, a beirniad arall wedd Barry John. Beth bynnag, wedd y merched yn aros gyda'i gili yng ngwesty'r Crest yng Nghaerdydd a Dil a fi gyda nhw. Wedd rhaid i ni aros yn saff yn y gwesty a pheido â mynd mas o gwbwl. Wedd y *security* fel tase'r Frenhines 'i hunan yno. Ar noson y gystadleueth benderfynodd Sara ddod gyda fi i joio ac wedd popeth yn mynd yn 'i flân gyda Dil un ochor i'r llwyfan a finne yr ochor arall. Wedd gyda fi'r ffrog arbennig 'ma wedi'i neud yn sbesial i'r nosweth, un felfed du weddol dynn. Wedd rhaid gwisgo *corset* cyn 'i rhoi amdana i: rhywbeth tebyg i Scarlett O'Hara yn *Gone with the Wind*! Wedd gyda Dil a finne lefydd gwisgo ar wahân, ond mi ges i drafferth neud y corset 'ma lan, a rhaid wedd gofyn am help Dil achos wedd *fastners* i gyd lan y cefen. Gath e dipyn o anhawster ond yn y diwedd wedd y corset yn sownd a finne'n saff yn y ffrog ddu.

Aeth y gystadleueth yn dda iawn hyd nes cyhoeddi'r enillydd. Chi'n cofio shwt wedd Eric Morley yn cyhoeddi Miss World? 'I'll announce the names of the winners in reverse order.' A dyna shwt wedd hi ym Mhontypridd: y trydydd, yr ail, a'r cynta. Fanffer fowr a'r tair merch yn sefyll ar y llwyfan, y buddugol yn ishte fel brenhines yn 'i chader, tan i Barry John, fel un o'r beirnied, sefyll ar 'i drad a gweiddi, 'No, she isn't the winner, they've got it wrong!' Allwch chi ddychmygu fel wedd hi – Dil a fi yn edrych ar 'yn gili mewn syndod a stŵr mowr yn torri mas yn y neuadd. Wel, y gwir wedd bod 'na gamgymeriad wedi bod ac

99

un o'r ddwy arall wedd wedi ennill. Wedd pethe'n dechre mynd yn gas rhwng teuluoedd y ddwy ferch. Waeddes i ar Sara, wedd yn ishte yn yr un rhes â'r beirnied ac yn rowlio chwerthin, i ddod 'nôl ata i a Dil a dyna nath hi. Gorfod i Dil a fi wedyn drafaelu 'nôl i'r gwesty yng Nghaerdydd mewn bws gyda'r holl gystadleuwyr, gan gynnyws y ferch gath gam. Tynnwyd y llenni yn y bws fel na alle'r wasg ddim gweld miwn i dynnu llunie.

Y noson honno wedd 'na gino mawr i ddathlu yn y gwesty, ond drodd pethe mas braidd yn fflat, gyda dwy 'Miss Wales' – yr un fuodd yn fuddugol am ryw beder munud a'r un fyse yn y swydd am y flwyddyn nesa. Nath Dil a fi ddim cyflwyno unrhyw gystadleueth harddwch wedi 'ny. A gweud y gwir, sai'n siŵr a wes un wedi bod ar ôl y nosweth gyffrous honno ym Mhontypridd!

TRIP ARALL I LUNDEN

Er mod i wedi gadel Llunden ers blynydde maith, wedd 'na dynfa o hyd i fynd 'nôl o bryd i'w gili. A dyna lle ddaeth y Parrot Club yn handi imi. Os 'ych chi wedi darllen nofele rhamantus wedi'u selio ar Lunden yn y tridege, ma wastad sôn am y Parrot Club. Wedd e'n rhan o westy Basil Street yn Knightsbridge. Y Parrot Club wedd y lle i deuluoedd gwrdd os wên nhw'n dod lan i Lunden am y dydd i gael cino neu de ac os wech chi isie mynd i'r theatr allech chi newid 'na yn hytrach nag aros dros nos. Lleoliad delfrydol, rhwng Harrods a fy hoff siop, Harvey Nichols.

Un diwrnod pan wên i'n gweitho yn HTV, wedi cyrraedd diwedd shifft gynnar ac wedi mynd i deimlo braidd yn *bored*, ffonies i Nest a Hywel James. 'Beth am fynd i Lunden am gino gyda'r nos?' Pawb yn cytuno, a bant â ni.

Fel arfer, pan wên ni'n mynd i Lunden, fydde Nest a fi'n mynd i San Lorenzo am basta bach, ond wên ni'n teimlo y dylen ni wneud rhywbeth gwahanol tro hyn a bwcon ni miwn i Daphnes. Wedd y Ritz yn denu i gael *cocktails* cyn swper, ond gan 'i bod hi'n amhosib cael tacsi o Paddington ar yr adeg yna o'r dydd, gyrhaeddon ni i gyd y Ritz ar y bws: Hywel, Nest, fi a Val Owen. Fe gawson ni nosweth sbesial, beth bynnag wedd yr achlysur, a nath Hywel druan ddala'r trên ola 'nôl o Paddington – jyst – a ni'n tair yn aros yn y Basil. Dwi'n colli'r Parrot Club yn fowr iawn nawr bod gwesty Basil Street wedi cau.

Yr holl amser hyn wên i'n dal i weitho yn y bocs bach 'na yn HTV ac er mod i'n joio pob eiliad, dechreues deimlo'r hen awydd i wneud rhywbeth gwahanol a mwy amrywiol.

CYFRES ARALL I DDYSGWYR

Cyn i fi adel HTV ges i gynnig i fod mewn cyfres i ddysgwyr ddaeth yn boblogedd iawn, *Now you're Talking*. Gwenda Griffith, wedd yn briod gyda Jo fy mrawd, wedd y cynhyrchydd, a Clive Harpwood wedd y cyfarwyddwr. Ac ACEN, dan ofal arbennig y Prif Weithredwr, Elen Rhys, wedd yn gyfrifol am yr iaith a'r agwedde addysgol. Wên i ddim yn gwbod hyn tan yn ddiweddar ond aeth y gyfres i frig siarte gwylio S4C, gan guro *Pobol y Cwm* hyd yn ôd – tipyn o gamp – ac ar 'i hanterth yn denu 140,000 o wylwyr am naw o'r gloch y nos. Chware rhan mam Siân Rivers wên i, a Richard Elfyn wedd yn chware rhan cariad Siân Rivers. Gethon ni lot fowr o sbort yn recordio'r dramâu bach. A dyma'r cylch yn troi yn gyfan gan mod i wedi cymryd rhan yn y gyfres gyntaf i ddysgwyr, *Croeso Christine*, ugen mlynedd ynghynt.

Dwi'n teimlo'n itha balch am 'ny, a gweud y gwir, achos pan wên i yn yr ysgol ramadeg yn Aberteifi, yr athro Cymraeg wedd yr annwyl Gwynfi Jenkins, a phob tro wedd traethawd yn cael 'i osod wedd e'n darllen fy un i mas i'r dosbarth – nid am 'i fod e'n dda ond am 'i fod e'n dangos shwt i *beido* sgrifennu Cymraeg! Fydde fe'n darllen traethawd fy ffrind Wendy i ddangos shwt i sgrifennu'n gywir; dwi'n siŵr fod Wendy'n cofio. Ond fi wedd ar frig y *ratings* ar gyfer dysgu Cymraeg! Beth bynnag, wedd *Now You're Talking* yn cael 'i sgriptio i'r llytheren ola, diolch byth, a ddim siawns i neud camgymeriade o gwbwl.

Wedd Gwenda'n mynd â fi mas i brynu dillad ar gyfer y gyfres weithie gan mod i'n dwlu ar ddillad, ond wên i'n dewis pethe reit anaddas i'r rhan wên i'n 'i chware. Ar ôl bennu'r gyfres wedyn wên i'n cael cyfle i brynu rhai o'r dillad 'ma. Ma un got wlân gyda fi hyd heddi, ac yn dal yn ffasiynnol, a hat ffwr hefyd. Dwi'n 'u gwisgo nhw bob gaea, a phawb yn 'u lico nhw, er 'u bod nhw'n itha hen erbyn hyn. Os cadwch chi bethe'n ddigon hir ma nhw'n dod 'nôl i ffasiwn unwaith 'to!

Fues i'n codi arian i sawl elusen yn ystod y cyfnod yn HTV. Wnes i drefnu a chynnal Dawns Fowr yn Neuadd y Ddinas yma yng Nghaerdydd i godi arian i Hospice George Thomas ym Mhontypridd. Weles i'r cartre'n datblygu o'r diwrnod nath Arglwydd Tonypandy dorri'r glotas gynta i'r agoriad swyddogol gyda'r Dywysoges Diana. Wên i'n hapus iawn i feddwl mod i wedi cyfrannu rhywbeth bach tuag at yr adeilad. Rhyw £16,000 godwyd noson y ddawns ac wedd 'ny'n itha da 'nôl yn 1991.

CWRDD Â TOM JONES

Tra wên i'n gweitho i HTV wnaethon nhw sioe fyw o'r stiwdio newydd yng Nghroes Cwrlwys gyda Tom Jones. Dyna'r nosweth nath e rhico'i drowsus a phob un yn gweld taw pants coch wedd e'n wisgo. Ar ôl y sioe wedd cino mowr yn y Castell a Tom, wrth reswm, yn ŵr gwadd. Mi ges i dynnu llun gyda Tom. Wên i'n meddwl mod i'n unigryw i gael llun 'da Tom ond wedd 'na res ohonon ni fenywod yn leino lan i dynnu llun a dwi'n siŵr fod cannodd o fenywod dros Bryden â llunie ohonyn nhw a Tom Jones. Ma'r llun wedi bod lan ar y sil ffenest ers 'ny a rhyw beder blynedd yn ôl ges i anrheg Nadolig gan Rhod a Sara – bag bach gan Anya Hindmarch a'r llun ar y bag! Os dwi'n nerfus i fynd i unrhyw achlysur gyda'r nos nawr ma'r bag yn dod gyda fi; dwi'n 'i roi e ar y ford ac mae'n destun siarad, sy'n neud i fi ymlacio. Diolch i ti, Tom – a diolch i Rhod a Sara am y bag bach.

102

TIPYN O RADIO

Yr un pryd â gweitho yn HTV, gan taw llaw-rydd wên i, ges i gyfle i gyflwyno rhaglen fy hunan ar Radio Cymru am awr a hanner bob dydd Llun. Anne Wyn Jones wedd y cynhyrchydd a Nia Gwyn a'r annwyl ddiweddar Menna Gwyn yn cael y dasg anobeithiol o ddysgu fi i fod yn *self-op* yn y stiwdio. Am ryw reswm nath y fformat ddim gweitho: sai'n credu taw person radio ydw i mewn gwirionedd, a dwi'n cyfri'r profiad hwnnw fel cyfnod o weitho gyda phobol broffesiynol a neis ar adeg pan wnes i feistroli rhoi'r records mlân a siarad â'r gwestai yr un pryd – tamed bach fel rhwbio'ch pen a'ch bola! Ond, fel Gloria Hunniford, wedd rhaid ifi fod yn gwisgo *lipstick* a cholur cyn recordio'r rhaglen. Y merched yn neud dipyn o sbort am hyn. 'D'yn nhw ddim yn dy weld ti cofia, Jen', wên i'n ga'l, ond sdim ots – wên i'n teimlo lot mwy parod i siarad â'r genedl gyda *lipstick* mlân!

Ar un adeg wên i'n gweitho i HTV, BBC, S4C a Thames TV yn Llunden, i gyd ar yr un pryd. Wedd isie dipyn o egni i neud y cwbwl lot. Ond y rheol i unrhyw berson llaw-rydd yw, os yw'r gwaith 'na, gwnewch e achos wyddoch chi byth pryd ma nhw'n stopo'ch iwso chi.

NEWID CYFEIRIAD

Ma pob peth da yn gorfod dod i ben rywbryd a dyma fi'n ffarwelio â HTV a chymryd hoe fach; wedd ishe un arna i, alla i weud wrthoch chi! Ond gyda hoe, ma pawb yn anghofio amdanoch chi a do's dim gwaith yn dod. Dyma lle ddaeth Pam Powell o Raeadr i'r adwy a'n helpu yn fwy na ma unrhyw un person wedi'n helpu i eriôd. Motto Pam wedd, 'Jen, you have to have fun in life', a gefes i ddigon o 'ny yng nghwmni Pam.

Gath Pam 'i magu ar fferm yn Rhaeadr cyn hyfforddi fel athrawes gwyddor tŷ ac yna magu tri o fechgyn. Wedd hi wedi symud obiti yn ystod 'i bywyd ond daeth hi 'nôl i Raeadr yn 'i chwedege i fyw mewn tŷ bendigedig yng nghanol y dref, o'r enw The Mount. Yn y dyddie 'ny wedd hi'n gweitho i'r Awdurdod Twristieth Prydeinig yn cynnal *tearooms* mewn cynhadledde twristieth ledled Ewrop. Wedd tîm o ferched gyda Pam yn gweitho gyda hi: merched wedd yn cadw B&Bs ac yn gallu cwcan itha clou hefyd. Un o'r merched wedd Eleri Davies, aeth mlân i greu cwmni Dolen, wedd yn gyfrifol am holl arlwyo swyddogol y Royal Welsh, Eisteddfod Llangollen a'r Eisteddfod Genedlaethol i enwi ond ychydig. Rhai gweithgar erill wedd Mags Hughes o Lambed, hithe nawr wedi cymryd drosodd Cwmni Dolen oddi wrth Eleri, a Lynda Whiticase o'r Drenewydd, hithe'n cadw gwely a brecwast a magu pump o blant. Wedd peder ohonyn nhw'n ferched wedd weithie'n dod gyda ni i helpu yn y *tearooms*. Fydde hi'n ddim i'r merched 'ma gwcan dwsine o fara brith, cacs lemwn, pice ar y maen, ac ati. Y bara brith fydde fwya poblogedd gyda phobol dramor!

Beth bynnag, welodd Pam mod i'n digalonni rhywfaint heb waith ac fe benderfynodd neud *waitress* ohona i yn y fan a'r lle. Wên i'n gadel HTV ar ddydd Llun a'r dydd Sadwrn canlynol wên i lawr gyda Pam a'r merched yn gwneud te mewn rhyw ffair fowr ar faes y Sioe yng Nghaerfyrddin. Allwch chi ddychmygu wynebe'r bobol yn dod i gael te?

'What are you doing here serving tea? I thought you were an announcer with HTV.'

'Yes I was,' medde fi, 'but I needed a change of direction, so here I am. Do you want one lump or two?'

Dyma ddechre ar rywbeth hollol wahanol yn fy mywyd a rhywbeth y bydda i'n ddiolchgar i Pam amdano weddill fy oes. Gydag amser ddaeth yr hunanhyder yn ôl a dechreues i deimlo'n hapus unwaith 'to.

Fues i gyda Pam mewn sawl arddangosfa yn Ewrop a buodd Pam 'i hunan dros y byd i gyd yn neud y te Cymreig 'ma: Awstralia, Rio de Janeiro ac Israel – lle wedd rhaid iddi gwcan cacenne Kosher! Alle dim byd faeddu Pam. Mi aeth hi dros Ewrop gyfan naill ai mewn awyren neu mewn car yn tynnu treler moch yn llawn cacenne.

Y tro gyda'r trailer dwi'n cofio ore. Penderfynodd criw ffilm o'r BBC ddilyn Pam ar un trip i Gothenburg, a gofynnodd hi i mi fynd gyda hi. Sai wedi gweitho mor galed yn fy mywyd, ond mi gawson ni hwyl yr un pryd.

Wên ni'n hwylio i Gothenburg o Harwich dros nos a chyrradd Gothenburg yn hwyr iawn y noson wedyn: taith o beder awr ar hugen ar y môr. Ma Môr y Gogledd yn gallu bod yn itha garw hefyd. Beth we'n rhyfedd unwaith gyrhaeddon ni Harwich wedd shwt wedd Pam yn nabod bron pawb o Brydain wedd yn mynd mas i'r arddangosfa. Y dasg gynta wedd mynd â'r car a'r treler, wedd yn llawn cacenne o bob math, i'r hold lle wedd y lorris mowr a'r ceir i gyd yn mynd.

Ar ôl neud hyn, lan i weld y *cabin*, wedd yn fach iawn ac un ffenest fach rownd. Setlo lawr i gwrdd â'r criw ffilm wedyn a mynd i gael rhywbeth neis i fyta. Wên i ddim yn gwbod ar y pryd shwt hwyliwr wedd Pam, ond ffindies i mas y bore wedyn.

Wên ni'n siarad dros swper am bwy fydde'n ymweld â ni yn Gothenburg. Un o'r ymwelwyr fydde ffrind i Pam, y Dywysoges Lilian, merch o Abertawe a symudodd i weitho ar y llwyfan yn Llunden ac ennill calon Tywysog Bertil o Sweden a dod draw gydag e i Sweden a'i briodi. Er bod Princess Lilian yn 'i hwythdege erbyn hyn, fydde hi wastad yn dod i weld Pam ar y stondin ac mi fydde hon yn eitem fach neis i'r criw ffilm.

Yn ystod y nos ar y cwch, ddihunes i a theimlo fod yr injins wedi tawelu ond glywes i Pam yn chwyrnu'n braf. Y bore wedyn nes i sôn wrthi am hyn a gweud mod i'n meddwl mod i wedi gweld hofrennydd yn hofran uwchben ffenest y cabin. 'Jen, you must have been dreaming,' medde hi. Ond wên i'n siŵr taw dyna weles i. A siŵr iawn, pan ethon ni lan am frecwast wedd y llong wedi aros yn stond yn ystod y nos i adel i hofrennydd godi un o'r criw gafodd drawiad ar y galon.

Weles i mo Pam i frecwast; arhosodd hi yn y *cabin*. Ond wedd hi'n teimlo'n well erbyn canol dydd a ddaeth hi lan ar y dec i neud dipyn o ffilmio gyda'r criw. Wên i eriôd wedi bod ar un o'r fferis mowr 'na o'r blân. Wedd e fe morfil mowr a ninne fel Jona yn 'i fola.

Aeth gweddill y trip yn hamddenol a chyrradd Gothenburg 'sha canol nos. Mynd lawr i 'nôl y car a'r wagon, a chymryd ein lle yn y ciw i yrru mas o fola'r cwch. 'Now, Jen, when we pass Customs, just don't say a thing, let me do the talking and we'll be fine,' medde Pam. Shwt ar y ddaear odd hi'n mynd i gael y treler moch 'ma yn llawn cacenne ac ati drwy'r *Customs*? Menyw wedd wrth yr iet, un fowr, gas yr olwg. Wedes i ddim byd; stopodd Pam y car a siarad â'r fenyw; sai'n siŵr beth wedodd hi, ond wi'n credu i mi glywed y geirie 'Princess Lillian' yn y frawddeg yn rhywle. Drwodd aeth Pam, *pig wagon and all*, ar y ffordd i'r gwesty.

Os 'ych chi wedi bod yn Gothenburg ma 'na *tram lines* ymhobman. Fi odd fod yn *navigator* i gael Pam i'r gwesty. Wedd dim syniad 'da fi lle wên ni'n mynd a gweud y gwir. Yn sydyn wedd bws yn dod aton ni – wedd Pam ar y leins 'ma yn mynd tuag at y bws! Trwy lwc a bendith, fuodd dim damwen. Rhaid wedd parco'r car nawr ar ôl ffindio'r gwesty o'r diwedd a reverso 'nôl gyda'r treler; nath Pam e heb unrhyw drwbwl. Wedd y gwesty'n un moethus dros ben a gethon ni suite un llawr lawr o'r Piano Bar. Gysges i drwy'r nos, ond wedd rhaid bod lan am saith i gael brecwast gyda David Hamilton, ffrind agos i Pam wedd yn gyfrifol am y stondin, ac yn rheolwr BTA Sweden. Wedd David yn llawn bywyd a sbort a dwi'n gwbod fod Pam yn gweld yn chwith ar 'i ôl. Fuodd David farw ddwy flynedd yn ôl, jyst wedi ymddeol. Ni'n trysori'r atgofion melys sydd ganddon ni am 'i frwdfrydedd a'i gefnogeth a'i ofal tyner.

Wedd y gwaith yn galed iawn. Ar ôl brecwast bob bore, mynd i'r stondin a dechre arni. Menyn ar y bara brith, gosod y cacenne, ac yn ogystal ag agor y *tearooms* i'r cyhoedd, wedd rhaid bwydo'r gweithwyr ar y stondin hefyd. Wedd neud y te yn y tebot mowr 'ma yn dipyn o dasg. Os wên i'n rhoi gormod o fagie te miwn fydde 'na stŵr! Yn y diwedd ddes i'n gliper am neud y te ond ar ddiwedd pedwar diwrnod wedd pothelli'n codi ar 'yn nwylo wrth godi'r tebot mowr 'ma. Wnes i feddwl am Scarlett O'Hara sawl gwaith pan wedd hi'n tynnu'r cotwm ac yn gweitho mor galed yn Tara.

Ond un cysur mowr wedd bod David Hamilton yn mynd â ni mas i dai bwyta bendigedig bob nos. Ddim yn aml fyddech chi'n gweld teuluodd yn byta mas yn Sweden – wedd hi'n rhy ddrud, ond wedd David yn ein trin ni'n arbennig. Ar ôl dod 'nôl wedyn i'r gwesty wedd rhaid mynd lan i'r Piano Bar i gwpla'r nosweth yn iawn. Ges i syndod mowr o weld shwt wên i'n gallu codi am saith y bore wedyn. Ar ôl pedwar diwrnod wên ni i gyd wedi blino'n rhacs, ond wedd Pam yn dreifo'r *pig wagon* mlân i ryw ddinas arall, tra wên i a rhai o'r merched yn hedfan getre. Mi es i 'nôl ar drip arall gyda Pam i Gothenburg, ond hedfan y tro 'ny.

Ar drip arall i Cologne, wedd Pam a fi dan ofal Bill Ishmael o Ystrad Meurig, cynrychiolydd y BTA yn yr Almaen a ffrind penna i mrawd Jo. Ma Bill wedi ymddeol bellach a mae e a'i wraig Mary yn symud 'nôl i fyw i Ystrad Meurig. Wel, yr un drefen wedd hi fan hyn 'to ond ddim cweit mor fishi â Gothenburg. Gyda'r nos wedd Bill yn mynd mas â ni i gyd i gael bwyd ar ôl diwrnod itha called o waith, i le o'r enw Papa Jo's. Nawr, gododd hwn hireth arna i; feddylies am 'y mrawd, ac yn sydyn dyma fi'n cynnig prynu diod i bawb. Wedd dim rhyfedd y bore wedyn yn y gwesty 'nes i sôn wrth Pam fod yn arian i gyd wedi mynd. 'Well, Jen, if you will insist on buying drinks for everyone!' Ddysges i wers y tro 'na. Er na wedd y tâl ddim yn fowr, wên ni'n cael trafaelu ac aros yn y gwesty am ddim, ac wedd y gofal a'r bwyd heb 'i ail.

PANTOMEIM STAN STENNET

Yr un adeg â wên i'n cael hoe fach o weitho ar y teledu, ges i gynnig mynd i neud panto gyda Stan Stennet ym Mhorth-cawl. Wên i eriod wedi acto mewn panto o'r blân: yr agosa fues i wedd pan fydde Mam a Dad yn mynd â fi a Jo lan i'r New

Theatre yng Nghaerdydd pan wên ni'n blant; y trip yn cymryd bron hanner diwrnod – wedd dim sôn am yr M4 y dyddie 'ny. Gadel Crymych yn y bore, cyrradd Caerdydd erbyn cino yn y Park Hotel a wedyn mynd i'r panto. Y dyddie 'ny, dwi'n credu mod i'n meddwl y bydde hi'n neis iawn mynd ar y llwyfan achos wedd teledu heb ddod mor bwysig i fi. Un flwyddyn mi ddaeth yr eira. Wên ni'n siomedig iawn: beth os bydden ni'n ffaelu mynd i Gaerdydd? Dyma ddechre ar y trip, cyrradd rhiw Nantgaredig, a'r car yn ffaelu mynd ymhellach gyda'r holl rew ar yr hewl, a gorfod troi 'nôl y flwyddyn honno a cholli'r panto.

Ond nawr dyma fi'n cael cyfle i gymryd rhan mewn pantomeim fy hunan. Wedd Stan Stennet yn cynhyrchu pantomeim bob Nadolig yn Porth-cawl ers cyn cof ac wedd e'n chwilo am rywun i chware Maid Marian. Dyma fi'n mynd lan i'w weld e a'i wraig Betty yn 'u cartre bendigedig yn Rhiwbeina. Wedd e ishe gwbod a wedd gen i ddillad addas ar gyfer y rhan. Wel, wedd dim 'da fi o gwbwl ond wedes i mo 'ny. Dyma ffonio Celia, un o ferched gwisgoedd HTV, a gofyn a fydde hi'n gallu neud dwy ffrog i fi. Wên i'n gwbod fod hi'n neud dillad i'r WNO, ac yn arbennig o dda am wneud ffrogie ar gyfer y llwyfan. Wedd angen un fydde Maid Marian yn gwisgo bob dydd ac un ar gyfer y *finale* – y briodas. Wedd hi'n gallu 'u gwneud nhw, dim problem. Nath Celia wisgoedd bendigedig; ma nhw 'da fi yn y cwpwrdd heddi. Falle bydd Soffia ishe nhw rhyw ddiwrnod i wisgo lan ar gyfer rhywbeth yn yr ysgol, pwy sy'n gwbod? Y broblem wedd fod y dillad wedi costio mwy na chyflog un wthnos o waith yn y panto i fi! Sdim ots; wên i'n hapus. Phil Howe yr actor a Tony Wright y DJ wedd y ddou leidr drwg. A merch gyda llais rhyfeddol, Davina, wedd Robin Hood; wedd Stan yn lico'r traddodiad o gael *principal boy*.

Es i â Soffia i'r panto y llynedd i'r New Theatr i weld *Jack and the Beanstalk*, gyda John Barrowman. Fuodd Rhodri yn gweitho gydag e yn *Five's Company* i Channel 5. Ma Barrowman yn berfformiwr heb 'i ail. Ac yn chware'r 'Dame' neb ond Tony Wright, wedd gyda fi ym Mhorth-cawl, sawl blwyddyn yn gynharach! Ffonies i Tony Wright i ofyn a fydde fe'n galw enw Soffia mas yn ystod y perfformiad, ac mi nath; wedd hi dros ben llestri o hapus a fuon ni 'nôl i'r *stage door* ar ôl y perfformiad i gael y llofnodion. Wedd Soffia ffaelu â dyfalu shwt wedd Jack yn nabod Cŵl, fel mae hi'n galw Rhodri.

RESTO

Wedd holl brofiade'r *tearooms* a bod yn y panto yn gweud arna i dipyn bach a ges i awgrym gan y doctor i fynd am wylie tramor. Ble i fynd wedd y cwestiwn. Yn lwcus, wedd ffrind gyda Euryn, David Cunliffe, wedd wedi bod yn gynhyrchydd dramâu i ITV ac yn Bennaeth Drama Yorkshire TV. Wedd e a'i wraig Maureen yn berchen ar fflat fach neis yn Lanzarote, un o'r llefydd wedd modd hedfan iddo o Gaerdydd. A dyna lle es i ar ben fy hun – nath Euryn, chware teg, aros getre i gadw llygad ar Dad drosta i.

Mi ges ryw fath o fap gan David o shwt i gyrradd y fflat ar ôl cyrradd y maes awyr yn Lanzarote, a dyma fi'n cyrradd yr Oasis San Antonio ond yn ffaelu'n deg â ffindio'r fflat. Wedd 'na ŵr bonheddig tu fas un o'r fflatie yn cael sgwrs gyda rhai o'r perchnogion erill. 'Are you lost, my dear? Who are you looking for?' Dyma fi'n gweud yr hanes a wir dyma fe'n dangos yn union ble i fynd. Roy Mertens wedd 'i enw a ma Euryn a finne wedi bod yn ffrindie 'da Roy ers 'ny. 'Yn ni wedi treulio sawl wthnos hapus mas yn Lanzarote ers pymtheng mlyne, ac yn ystod y gaea mae'n le perffeth a rhesymol i fynd i gael tamed bach o houl.

Gan mod i'n mynd ar ben fy hun am yr wthnos benderfynodd Nest a dwy ffrind arall imi, Val Owen a Olga Evans, ddod draw jyst am y penwthnos o Gatwick. Dyma nhw'n cyrradd ganol nos a dim cliw ble wên i na pha fflat wên i'n aros ynddi. Y cyfan wên i'n glywed sha hanner awr wedi un y bore wedd llais bach Nest yn gweiddi, 'Jen, ble wyt ti? Jen, ble wyt ti?' Wên i ddim yn cysgu'n drwm a wên i'n falch o weld y tair. Gethon ni benwthnos hapus dros ben a finne'n cael cwmni draw yn Lanzarote. Ma Olga yn dal i fynd draw 'na am wylie, a ma 'da Nest *timeshare* mas 'na. Wên i'n teimlo'n falch iawn taw fi gyflwynodd nhw i'r ynys.

MYND I S4C YN 1992

Daeth hi'n amser ffeindio gwaith gyda tipyn o gyflog rheolaidd unwaith 'to, ond gweitho i bwy? Wedd Euryn wedi gadel S4C erbyn hyn, felly wedd dim rhwystr fan'na. Ffonies i Aled Wyn Phillips, wedd ar y pryd yn Bennaeth Adran Gyflwyno S4C, a ges i gyfweliad arall. Ma'n holl fywyd wedi bod yn rownd o *auditions*. Beth bynnag, mi ges gynnig gwaith llaw-rydd fel cyflwynydd ac wên i'n ddiolchgar iawn i symud o un bocs i'r llall. Yr unig wahanieth odd fod y bocs yn HTV dipyn goleuach na'r un yn S4C oherwydd, yn HTV, wên i dan ole llachar gan mod i'n ymddangos ar y sgrîn. Tu ôl i'r sgrîn, jyst fel llais, wên i yn S4C a wedd y bocs bach mor dywyll â bola buwch. Dim y math o le fysen i am dreulio oes ynddo, ond wên i'n falch i weitho. Wedd patrwm y gwaith yn gymysglyd iawn. Weithie fydden i miwn am bump y bore i neud y shifft gynta neu fydden i miwn yn y shifft nos tan ddou o'r gloch y bore. Y cyfnod yma wên i'n gwbod yn union fel wedd nyrsys yn teimlo yn gweitho orie mor ofnadw. Gydag amser ges i fynd ar y staff a daeth pethe dipyn bach yn rhwyddach. Dwi'n cofio un person yn 'y ngweld i am y tro cynta yn y cyntedd yn S4C a'i eirie fe wedd, 'How the mighty have fallen!' Ma 'na rai bobol od iawn i gael.

Dros y blynydde wnes i ffrindie mowr iawn gyda'r criw yn S4C; wedd y lle fel teulu bach a phob un yn garedig ac mor barod i helpu. Wên i wedi bod yn gweitho yn y bocs bach 'na am dipyn nawr pan ofynnodd Aled Phillips i fi a fydde diddordeb 'da fi i gyflwyno'r tywydd. Wên i dros ben llestri o hapus, er wên i ddim yn gwbod dim am y tywydd ar wahân i beth wedd Mishtir wedi'i ddysgu i fi yn Ysgol Crymych flynydde 'nôl, ond wedd rhaid dysgu'n glou. Dwi'n credu taw i Deryk Williams,

Cyfarwyddwr Rhaglenni S4C ar y pryd, y mae'r diolch; wedd e'n gweitho 'da fi ar *Y Dydd* flynydde 'nôl ac mae'n debyg taw fe awgrymodd y syniad i'r Adran Gyflwyno. Diolch iti Deryk, newidiodd hynna gyfeiriad a rhoi slant newydd sbon ar bethe i fi, ac o'r diwedd mi ddes mas o'r bocs bach tywyll 'na.

Fy nghyd-gyflwynwyr ar y tywydd wedd Elfed Dafis a Chris Jones. Wedd yr un ohonon ni'n arbenigwyr nac wedi dilyn cwrs *meteorology* ond wên ni wedi cyflwyno amrywieth o raglenni ac yn gallu dysgu'n glou. Gyda'r holl dechnoleg sydd i gael y dyddie hyn, ma pobol y Swyddfa Dywydd yn gallu dysgu rhywun mor dwp â fi mewn amser byr ac unwaith wên i'n dechre paratoi'r bwletine, wên i'n cael y wybodeth i gyd o'r Swyddfa Dywydd yng Nghaerdydd. Dyna lle wnes i gyfarfod Derek Brockway am y tro cynta. Dwi'n cofio ni i gyd yn mynd mas am nosweth gyda'r Swyddfa Dywydd a Derek yn gweud wrtha i, 'Jen, I really want to be famous some day'. Wel, ma fe erbyn hyn, ac yn adnabyddus dros Gymru. Ma pawb yn lico Derek, y bachgen o'r Barri. Hyd yn ôd pan wên i'n cyflwyno'r tywydd, a Dad dal yn fyw, wedd e'n dwlu ar Derek.

Pan 'ych chi'n sefyll o flân y camera bach 'na wes dim tu cefen i chi ond sgrin hollol las. Wedd y monitors gyda'r mapie i'r chwith ac i'r dde, a wedd hi weithie dipyn bach yn anodd i gael popeth i neud synnwyr. Dwi'n colli cyflwyno'r tywydd yn fowr iawn, a'r holl bobol wên i mor ffodus i gael gweitho gyda nhw. Ar ôl i Aled Phillips symud i weitho mewn adran arall ddaeth Elin Young yn Bennaeth ar yr Adran Gyflwyno, ac mi ddaeth Elin yn ffrind da iawn i fi. Heddi, ma Elin wedi bwrw'i gorwelion i weitho yn Channel 4 yn Llunden.

PEN-BLWYDD HAPUS A MARWOLAETH DIANA

Wrth i fi sgrifennu'r llyfr 'ma, ma hi'n anodd credu fod 'na ddeg mlyne wedi mynd heibo ers marw Diana. Fel gyda marwolaeth John F. Kennedy, ma pob un ohonon ni'n cofio lle wên ni pan glywyd am y ddamwen 'na yn y twnel ym Mharis. Wên ni i gyd getre yn Ger-y-Don, a wedd Rhod wedi dod lawr am y penwthnos o Lunden; dwi' n cofio fe'n rhoi 'i ben rownd drws y stafell wely yn gynnar yn y bore a rhoi'r hanes trist i Euryn a fi.

Wên i'n cyflwyno'r tywydd ar y pryd yn S4C a dwi'n cofio gwisgo mewn du i gyflwyno'r tywydd yr wthnos honno. Ond ar y dydd Gwener mi gefes sioc fy mywyd ar ôl bennu'r tywydd pan ddaeth Arfon Haines Davies miwn i'r stiwdio, a dyna lle wên i, a 'mhen-blwydd yn dishgyn ar y chweched o Fedi, yn gegagored o flân y camera ac ynte'n gweud 'Pen-blwydd Hapus'. Wel, rhwng popeth, wên i'n llefen y glaw: Diana wedi marw mewn damwen erchyll a wedyn gorfod mynd i sêt *Pen-blwydd Hapus* i ddathlu pen-blwydd o flân y genedl.

Fuodd 'na hen drafod yn S4C, mae'n debyg, gan fod angladd Diana a recordio *Pen-blwydd Hapus* yn digwydd ar yr un diwrnod. Dyna lle wên i'n edrych ar yr angladd drwy'r dydd, dim llygad sych yn y tŷ, a wedyn gorfod newid i'n ffeineris i fynd ati i recordio lawr yn y Gyfnewidfa Lo ym Mae Caerdydd. Diwrnode cynt mi fues i lan yn Llunden gyda Elin Young i weld yr holl flode tu fas i Kensington Palace, rhywbeth wna i fyth anghofio.

Cofiwch, o edrych 'nôl, wên i reit falch i gael mynd i recordio; gan fod y dydd wedi bod mor drist, wedd ishe rhywbeth i godi calon pawb, a dyna fel y buodd hi.

RHUFAIN AC ASCOT

Ers i fi weld Gregory Peck a Audrey Hepburn yn *Roman Holiday* wên i ishe mynd i Rufen – dyna lle saethwyd y ffilm. Wedd ffrind i Elin, Ken Griffith o Landeilo, â fflat 'dag e yn Rhufen. Wedd Ken yn cofio pawb wên ni'n arfer gweitho gyda nhw yn London Artists yn Llunden flynydde 'nôl. Fuodd e'n garedig iawn i adel i ni fynd i aros am gwpwl o ddyddie. Wên i newydd golli Dad a chal llawdrinieth a meddwl bydde *break* bach yn neud lles. Ond wedd y naill na'r llall ohonon ni'n siŵr ble wedd lleoliad y fflat a shwt i gyrradd. Chware teg i Ken, awgrymodd ein bod ni'n mynd i'w hoff le bwyta fe gynta yn y tacsi, a fydden nhw wedyn yn 'yn harwen ni i'r fflat. Cyrraedd braidd yn hwyr yn y nos, ond cael croeso mowr yn y lle bwyta 'ma ac, ar ôl cael pryd bendigedig o pasta a gwin coch, aeth y waiter â ni lan yr hewl i fflat Ken.

Wên i eriod wedi bod yn Rhufen ac yn ysu am fynd. Wel, wên i 'na nawr ac ishe mynd i weld popeth. Druan ag Elin, dwi'n siŵr wedd hi wedi danto 'da fi. Wedd hi'n dwym iawn – hyd yn ôd yr hufen iâ yn toddi cyn inni'i fyta fe. I gadw'n cŵl wên ni'n mynd miwn i bob siop ag *air-con*. Dyna'n esgus i, ta beth!

Wedd y fflat mewn hen ardal o Rufen ac os wech chi'n edrych mas o'r ffenest i lawr y stryd, dyna lle wedd y Coliseum. Wedd bysus yn mynd â chi o gwmpas Rhufen ond nath Elin a fi byth weitho mas shwt i dalu, felly wedd rhaid cael tacsis i bobman – a wedd hi llawer mwy cyfforddus a gweud y gwir.

Pan nethon ni ymweld â'r *Spanish Steps* ges i ryw deimlad mod i wedi bod 'na o'r blân. Wedd e'n deimlad rhyfedd a newydd. Edryches i lan a wedes i wrth Elin mod i'n siŵr fod 'na westy ar ben y Steps a beth am inni fynd lan i weld? Bant â ni a wir i chi, dyna lle wedd yr Hassler Hotel. Fydde 'na olygfa anfarwol o'r llawr ucha, feddylies i, a lan â ni yn y lifft. Gyrhaeddon ni'r llawr ucha a wedd 'na le bwyta bendigedig. Y *maître d'hôtel* yn sobor o groesawgar, a hithe ddim yn amser cino 'to. Popeth yn iawn medde fe, allwch chi ishte lle mynnwch chi; fyddwn ni'n neud cino mewn rhyw chwarter awr. A dyma ni'n mynd i'r ford a'r olygfa ore dros y ddinas dragwyddol. Gydag amser mi lenwodd y lle gydag Americanwyr, Eidalwyr a Saeson, mas am gino dydd Sul gyda'u teuluodd. A ni'ch dwy fach o Gymru, wrth gwrs!

Un lle wedd rhaid ymweld ag e tra wên ni yn Rhufen wedd cartre'r Pab a'r Eglwys enfawr 'na, St Peter's. Dwi'n siŵr fod Elin a finne wedi cerdded milltiroedd yn y gwres jyst i weld y to anfarwol gan Michaelangelo, yn y Sistine Chapel. Beth wên i'n rhyfeddu ato wedd holl gyfoeth y lle, gyda aur a marmor ymhobman. Wedyn wech chi'n dod mas a gweld y tlodion a'r sipsiwn yn begian am arian. Sai'n deall 'na o gwbwl, nath e'n ypsetio ni'n lân. Wedd 'na gamerâu teledu ymhobman am taw ar y diwrnod canlynol fydde'r Pab yn canoneiddio Padre Pio. Wedd hi mor dwym ar y diwrnod arbennig 'na, fu rhaid iddyn nhw gael tancs mowr o ddŵr a'i arllwys dros y bobol, fel fysech chi'n dyfrhau'r ardd; wedd 'na filoedd ar filoedd 'na. Nath Elin a fi gadw draw.

Ffindies i'r Coliseum yn agoriad llygad hefyd. Ond beth wedd yn od wedd fod 'na ddynion wedi gwisgo lan fel *gladiators* wrth bob mynediad, ac os wech chi'n talu, allech gael llun gydag un ohonyn nhw. Fel popeth, ma rhaid neud arian a denu'r ymwelwyr, ond wedd hi'n teimlo braidd fel ffair a chydig bach yn artiffisial, fel wedd hi yn Las Vegas. Wedd yr adeilad 'i hun yn drawiadol ac wên ni'n teimlo mor fach yn sefyll ac edrych lan ar yr holl beth. Yn y diwedd, 'nôl â ni i gael *gelato* o'r siop drws nesa i fflat Ken. Allech chi gael unrhyw fath o hufen iâ a gath Elin a fi bobo un dwbwl.

Os yn Rhufain, rhaid towlu ceinog miwn i'r Fontana de Trevi. 'Nes i dowlu mwy nag un i sicrhau rhyw ddydd falle y bydden i 'nôl 'na.

Un o'r bobol wên i'n gweitho gydag e yn S4C wedd Eric Dafydd. Wedd e'n gyfrifol am rediad y sianel – PDs wên nhw'n cael 'u galw. Ond yn ogystal â 'ny wedd Eric yn chware'r organ yn y capel, yn brido ceffyle ac yn deall rasys ceffyle i'r dim. Wedd e hefyd yn golffer arbennig o dda gyda handicap isel iawn. Bob blwyddyn fydde Eric yn mynd i Royal Ascot. Wên i fan'na yn y tywyllwch yn y bocs rhyw Nadolig a dyma Eric yn gweud, 'Jen, beth am neud trip i *Ladies Day* yn Ascot?' Wedd ddim ishe iddo fe weud mwy; wên i ar y ffôn â Royal Ascot mewn chwinciad. Fe wedon nhw bod rhaid aros tan yr wthnos gynta yn Ionawr cyn llogi lle parco car, a phrynu'r tocynne. Fe fydde'r holl beth yn drip itha drud a wedd angen yr amser arnon ni i safio lan achos os mynd i Ascot ar *Ladies Day*, wedd rhaid mynd mewn steil a llogi *limo*. Dyma ni'n neud parti o ddeg i fynd yn y *limo* hir gwyn: Catrin Allen, Ellen Davies, Anwen Thomas, Chris Jones, Bev Tatum, Simon Roberts, Heulwen Haf, Eric, Tony a fi. Wên ni'n dechre safio'r arian yn syth ar ôl Nadolig.

Y drefen wedd dechre o Gaerdydd sha wyth yn y bore, agor y shampên jyst cyn croesi'r bont a stopo wedyn yn y *services* yn Reading i newid i'r dillad posh: y bechgyn mewn het silc a *tails* a ninne'r merched yn ein ffrogie perta ac, wrth gwrs, yr hetie anghredadwy.

Wedd Charlie Phipps, mab Siân Phipps wên ni'n arfer chware gyda hi yn Tydrath pan wên ni'n tyfu lan, wedi paratoi picnic ac unwaith wên ni wedi cyrradd y lle parco, wedd rhaid byta rhywfaint, neu fydde'r siampên yn mynd i'n penne ni'n rhy glou, a peryg y bysen ni'n colli'r rasys! Eric wedd yn gyfrifol am y *kitty* a hefyd am ddewis y ceffyle gore i roi bet arnyn nhw. Wedd dim syniad 'da fi shwt wedd gosod bet, ond mi ddysgon ni i gyd yn glou iawn wrth ddilyn Eric. Am ryw hanner awr wedi dou fydde'r Frenhines a'r *entourage* yn dod miwn i'r *Royal Enclosure*. Wedd hi'n brofiad gweld y fath basiant lliwgar.

Nethon ni ennill itha tipyn – digon, a gweud y gwir, i dalu am y *stretch limo* am y dydd a digon i aros yn Hungerford am *fish a chips* ar y ffordd getre! Allwch chi ddychmygu'n gweld ni i gyd yn ein gwisgodd ffansi yn parado miwn i'r dafarn 'ma ac ordro *fish a chips*? Ar ôl diwrnod yn y rasys wên ni ishe bwyd yn ofnadw!

Fuon ni sawl gwaith yn Ascot ar ôl 'ny. Wên ni'n gwbod y drefen nawr, ac Eric yn dal *in charge*. We'n ffrind i, Shona o St Godric's, yn mynd i Royal Ascot bob blwyddyn ond wedd hi'n mynd miwn i'r *Royal Enclosure*. Welon ni Huw Ceredig 'na un flwyddyn; ma Huw yn berchen ar geffyl neu hanner ceffyl (neu goes falle, sai'n siŵr) ond ma hynna'n bownd o neud y diddordeb yn fwy. Bysen i wrth fy modd yn berchen ceffyl raso; sai'n gwbod lle fydden ni yn 'i stablu, ond mae'n siŵr y ffeindien i le yn rhywle!

Y SIOE FAWR A'R GENEDLAETHOL

Fydde S4C wastad yn cynnal sawl derbyniad, naill yn y Sioe Fawr yn Llanelwedd neu yn yr Eisteddfod Genedlaethol. Ac mi ofynnwyd i mi helpu mas i groesawu pobol ar yr achlysuron arbennig 'ma. Y Sioe wedd fy ffefryn, gan fod adeilad bach pert gyda S4C wrth ochr y Prif Gylch yn Llanelwedd, a lot fowr o bobol yn crynhoi 'na am goffi neu gino. Wedd y gwaith yn galed iawn ac wech chi ar 'ych traed drwy'r dydd ond wedd gweitho gyda Pam wedi bod yn ymarfer da, ac wên i wedi dod i arfer â'r gwaith! Wnes i gwrdd â phobol o bob rhan o'r byd, gan fod y Sioe yn denu pobol o bobman.

Ran amla ar y diwrnod ola fydde rasys trotian, a David Meredith, wedd yn Bennaeth y Wasg y dyddie 'ny, wastad yn gofyn i fi aros mlân i gyflwyno'r gwobre, gan taw S4C wedd yn noddi'r gystadleueth. Wên i wrth fy modd yn cael ishte 'da'r mawrion yn bocs y llywydd. Dyna lle wnes i gwrdd â Shan Legge Bourke am y tro cynta; rhai blynyddodd wedyn fues i'n ishte ar Bwyllgor Achub y Plant gyda hi. Ma bywyd i fi wedi bod yn gylchoedd i gyd.

Wên i itha ofnus o'r ceffyle 'ma, rhai ohonyn nhw'n edrych yn itha nerfus a golwg wyllt yn 'u llyged ar ôl bod yn raso rownd y cylch. Yr agosa wên i wedi dod i fod ar gefen ceffyl wedd ar y trath yn Tenby – a doncis we rheini! Pan wedd Sara'n ifanc wedd hi'n arfer mynd i reido ceffyle ar ffarm tu fas i'r Bont-faen, ond fel wedd hi'n gweud wrtha i sawl gwaith, 'Mami, ma'r ceffyle 'ma'n hen iawn ac yn llawn chwain!' Digon da, o leia wên nhw ddim yn mynd i garlamu bant, a gadel i Sara gwmpo ar y llawr, medde finne. Tra wedd Sara ar gefen y ceffyl fydde Rhod yn chware rygbi. Sdim rhyfedd 'i fod e wedi neud gyrfa yn cyflwyno rhaglenni chwaraeon. Er cofiwch, wên i ddim yn lico gweld Rhod yn chware rygbi, chwaith. Euryn fydde'n mynd ag e bob bore Sadwrn. Dim ond unwaith fues i'n edrych arno'n chware a pan weles i'r boi mowr 'ma'n ishte ar 'i ben e, bant â fi i ganol y cae i sgwaru pethe. Ges i ddim mynd weth i weld unrhyw gêm.

Wedd gofalu am bobol yr Eisteddfod Genedlaethol dipyn gwahanol. Mewn pabell fydde'r derbyniad yn ystod y dydd ond, wrth gwrs, gyda'r nos fydde S4C yn symud miwn i westy, a wedd pethe dipyn bach yn fwy moethus, wedd yn siwtio fi i'r dim. Dwi ddim yn rhy ffond o bebyll o gwbwl. Os bydde'r tywydd yn wlyb wedd pawb yn dod miwn yn socan stecs, ond yn y tŷ bach pert yn Llanelwedd fydde'r gwlybanieth ddim hanner mor ddrwg.

RHAGOR O GOLFF

Bob blwyddyn ma S4C yn noddi elusen arbennig a tra wên i'n gweitho 'na mi gynhaliwyd twrnament golff a physgota yng ngofal Rhisart Williams. Wedd y cyfan yn digwydd yng nghlwb golff Peterstone ger Casnewydd. Codwyd tipyn o arian ar y diwrnod hwnnw a phawb yn cael hwyl gyda'r nos; bydde'r rhai wedd wedi cael sgôr dda yn y p'nawn yn ennill ymbarél. O na, dim ymbarél golff arall!

DILLAD A GWALLT

Mae'n siŵr mod i wedi etifeddu diddordeb mewn dillad wrth Mam. Wedd hi wrth 'i bodd yn prynu dillad ac wedd gyda hi lwyth yn y wardrob getre. Dwi'n meddwl taw ar Mam-gu wedd y bai, oherwydd fydde hi'n gwinio dillad i Mam mewn chwinciad, ac wedd Mam-gu yn lico gwisgo Mam mewn cotie ffwr pan wedd hi'n ferch fach. Falle taw dyna pam wdw i'n lico ffwr hefyd, er mor groes grân yw 'i wisgo y dyddie 'ma. Yn Ewrop, lle ma'r gaeafe'n oerach, ma pawb yn gwisgo ffwr i gadw'n dwym, ond ma pethe'n wahanol yn y wlad hyn ac America.

Pan wên i'n gweitho ar *Siôn a Siân* fydden i wrth fy modd yn mynd mas gyda'r ferch wedd yn gyfrifol am brynu gwisgoedd. Gan amla, fydden i'n dwlu ar rywbeth hollol anaddas, ond weithie fydden i'n cael fy ffordd a chael be wên i ishe. Wedyn, pan wên i yn S4C yn cyflwyno'r tywydd, fydden i'n cael cyllideb dillad ac weithie wên i'n gorwario. Yn anffodus, a sai'n gwbod pam, ond os af i miwn i siop ddillad dwi o hyd yn anelu at y peth druta. Sdim cyment o ots os dwi yn Peacocks – dwi'n ffan mowr o Peacocks – lle ma popeth yn weddol rad, ond os dwi yn Harvey Nichols yn Llunden mae'n stori wahanol iawn!

Wrth symud i dŷ llai, dim ond dwy wardrob sy gyda ni, un i Euryn ac un i fi, a wedd rhaid gwasgaru'r dillad a'u rhoi i wahanol elusenne. Dwi'n cadw pethe am rhy hir o lawer ac yn y pen draw wedd rhaid bod yn gryf a'u rhoi nhw bant. Ond be sy'n rhyfedd yw os newch chi gadw dillad yn ddigon hir, ma nhw siŵr o ddod 'nôl i ffasiwn. Pan wên i'n gweitho yn Jaeger wedd y *twinsets* yn ffasiynol iawn ac, wrth gwrs, ma nhw 'nôl mewn ffasiwn erbyn hyn. Ond 'na fi 'to, yn gofidio na fysen i wedi cadw peth o'r *cashmere* . . . Ges i ffrog wedi'i neud i fi rai blynyddodd yn ôl, ffrog hir felfed ddu. Wedd hi'n fendigedig ond, ar y pryd, seis 10 wên i, a gyda'r blynydde, ma'r corff yn lledu a wela i byth seis 10 eto! Ar hyn o bryd yn fy mywyd, yn helpu Sara gyda Soffia a Gabriel, sdim ishe lot o ddillad: pâr o *jeans* a chrys cyfforddus yw'r cyfan dwi ishe, a phâr cyfforddus o sgidie i gerdded. Fues i'n meddwl prynu beic ymarfer ond dwi'n cerdded milltirodd gyda'r babi a sdim ishe beic o gwbwl! Wedd gyda fi beiriant rhwyfo un tro, ond y cyfan wên i'n neud wedd cadw dillad arno fe. Dwi ddim yn lico gormod o ymarfer corff, ac eto dwi byth yn segur; dwi wastad ar y go.

Mae'n syndod bod 'y ngwallt i wedi para cystal. Dwi wedi bod yn 'i liwio ers wên i rhyw bymtheg ôd. Wedd Dad wastad yn gweud, 'Jen, pwy liw wyt ti'n galw hwnna?' Dwi byth yn dod mas o'r *hairdressers* ag union yr un lliw – ond dwi yn lico amrywieth. Ma Lulu yn newid steil 'i gwallt bob eiliad, ond 'na fe, briododd hi â John Freida, wedd yn help mowr, mae'n siŵr. 'Dyn ni'r merched byth yn hapus 'da'n gwallt, odyn ni? Fydda i'n mynd i'r *hairdressers* a grondo ar Deb; hi sy wedi bod yn neud fy ngwallt ers rhyw ddeuddeg mlynedd bellach. Ma gyda hi siop yn stryd fawr y Barri – *Deb'n'hair*. Dyw Virgos ddim yn lico newidiade mowr, yn enwedig i steil y gwallt. Dwi'n siŵr bod Deb yn mynd yn itha gwallgo ambell waith gyda rhai o'r cwsmeried, gan 'y nghynnwys i, ond bellach mae'n deall fy ngwallt i'r dim a wastad yn gwbod be sy'n fy siwtio ore. Dwi'n dadle weithie ond hi sy'n iawn yn y pen draw.

Ac wedyn ma Karen, *beautician* sy hefyd â lle yn yr High Street. Hi sy'n gyfrifol am rowlo'n *wrinkles* i. Er bod pawb yn fishi'n cael Botox y dyddie 'ma, sai'n lico'r syniad o gael nodwydde ar hyd a lled fy ngwyneb. Beth bynnag, dwi'n dipyn o fabi pan mae'n dod at nodwydde. Mi arhosa i gyda Karen a chael *facial* bach nawr ac yn y man. Ma rhaid heneiddio yn y

119

pen draw a faint bynnag o *facelifts* fydd sêr Hollywood yn 'u cael, cwmpo mha nhw i gyd yn y diwedd, a wedyn ma nhw'n gorfod mynd 'nôl dan y gyllell dro ar ôl tro er mwyn edrych yn ifancach. Ma Joan Rivers yn hen law ar *facelifts*; mewn un cyfweliad yn ddiweddar wedd hi'n gweud yn itha agored fod yr wyrion yn 'i galw hi nawr yn *Granny New Face*. Beth dwi'n weud yw hyn: os 'ych chi'n hapus o'r tu mewn mae e'n dangos yn eich wyneb.

Dros y blynydde dwi wedi trio lot o siope trin gwallt yng Nghaerdydd a nifer yn Llunden hefyd. Ond unwaith dwi'n mynd 'nôl i Tydrath a'r niwl a'r glaw mân, ma'r cyrls yn dod 'nôl. Ma Rhod wedi etifeddu gwallt Gu, fydde'n gryf a chyrliog pan wedd e'n ifanc. A ma gwallt Sara'n gryf hefyd ond yn hir, er bod y *straighteners* yn amlwg obiti'r tŷ gyda Sara. Sai'n siŵr shwt wallt fydd da Gabriel 'to, ond ma lot o *waves* 'da Soffia, fel wedd gyda fi.

AMSER YMDDEOL

Robin Jones wedd prif gyflwynydd S4C a'n bòs ni fel cyflwynwyr, fel petai. Wedd Robin, wrth gwrs, wedi bod yn y busnes ers blynydde maith ac wedi dechre gyda Teledu Cymru, hyd yn ôd cyn dyddie TWW. Pan nath Robin ymddeol, dwy ohonon ni wedd ar ôl, Heulwen Haf a finne, a'r ddwy ohonon ni'n hen *biddies* nawr o oedran ymddeol! Jyst ar ôl i ni adel pasodd y llywodreth ddeddf i ymestyn yr oedran ymddeol i 65 ac ar y rhwydwaith ma merched yn cael cario mlân ar y bocs ymhell i'w chwedege, pobol fel Gloria Hunniford, Anna Ford, Angela Rippon ac ati. Ac os 'ych chi'n actio, wel, gallwch gario mlân tan bo chi'n gant. Ond dim 'na fel wedd hi yn S4C.

Penderfynodd y cwmni, whare teg, i hala Heulwen a fi draw i Bath ar gwrs i'n paratoi at ymddeol, cwrs wedd yn costu lot yn ôl y penaethied. Wên i'n ddiolchgar iawn, iawn. Jyst sôn am Bath a wedd Heulwen a fi'n jwmpo at yr awgrym. Ma siope neis iawn yn Bath a tai bwyta gwell fyth, gan gynnwys y Royal Crescent.

Wedd y westy lle wên ni'n aros yn westy hynod o gysurus ac ynghanol y dre, yn agos iawn at y siope. Wedd rhanne o'r cwrs hefyd yn ddiddorol dros ben, fel y doctor ddaeth i miwn i weud wrthon ni beth i fyta ar ôl ymddeol er mwyn cadw'n ffit – ac fe nath Heulwen i mi gerdded yn glou rownd y bloc bob bore cyn brecwast, rhyw fath o *power walk* cyn mynd i'r cyfarfod. Ar ôl gwrando ar y bobol 'ma i gyd sylweddolodd Heulwen a fi taw bach iawn o arian wên ni wedi'i safio yn ystod ein gyrfa. Wedd rhai o'r pare yn y cyfarfod – wedd 'na ambell i ŵr a gwraig wedi dod gyda'i gili – wedi safio digon ac wedd gyda nhw dai mas yn Sbaen; wên nhw ishe gwbod shwt i fuddsoddi gweddill 'u harian hefyd. Wel, 'na ddiwedd ar bethe. Wedd Heulwen a fi yn bendant mas o'n *league* fan hyn ac, ar ôl un cyfarfod, mas â ni i'r siope i godi'n calonne. Tamed bach o *retail therapy*, fel ma'n ffrindie o Shir Benfro yn gweud.

A wedd Heulwen yn awyddus iawn i fynd i'r Royal Cresent Hotel am bryd bach o fwyd rhyw nosweth, felly bant â ni. Falle taw dyna pam wedd dim arian 'da ni i brynu tŷ yn Sbaen . . . Ni wedd yn talu, gyda llaw, a dim S4C – rhag ofon i'r Adran Gyllid gael haint! Nosweth arbennig, y tywydd yn fendigedig a dyna lle wên ni mas ar y lawnt yn mwynhau gwydred bach o siampên. Falle gethon ni ddou; do, dwi'n siŵr. Mi ethon ni 'nôl y bore wedyn i'r cyfarfod ola yn teimlo llawer gwell am ymddeol. Ma Heulwen nawr wedi dechre busnes 'i hunan ac yn neud yn dda iawn, a dwi'n hapus i helpu gofalu am Soffia a Gabriel – er na fydden i ddim yn gweud 'na' am fynd 'nôl i weitho pe bai rhywun yn gofyn i mi.

Ymuno â phwyllgor Achub y Plant

Dwi'n falch fod Dad wedi cael byw i weld mod i'n cael cyfle i weitho i godi arian i Achub y Plant yng Nghymru. Dyna wedd elusen Mam, a wedd hi'n cyfrannu bob blwyddyn.

Dyma shwt ddes i ishte ar y pwyllgor. Dwi'n chware golff gan amlaf yn Cotterel Park ac yn aelod yno erbyn hyn. Dyna lle cwrddes i â Heather Shaw. Fuon ni'n chware sawl gêm o golff ac fe benderfynodd Heather 'i bod hi'n hen bryd i fi gael handicap swyddogol. Wên i eriôd wedi rhoi carden miwn ac felly wên i'n cael chware i 36 bob tro. A chware teg i Heather, nath hi chware tair rownd o ddeunaw twll 'da fi er mwyn sicrhau handicap swyddogol.

Wedd cyfnither Heather, Wendy Bailey, yn gadeirydd y pwyllgor ar y pryd, a rhyw nosweth ges i'r alwad gan Wendy i ofyn a fydde diddordeb 'da fi mewn ymuno â'r pwyllgor. Diolch i golff ac i Heather, ges i brofiad pleserus arall yn fy mywyd a dod ar bwyllgor Achub y Plant yng Nghymru. Shan Legge Bourke yw'r Llywydd dros Gymru a'r Dywysoges Anne yw'r Llywydd dros Brydain gyfan. Ma Sharon Donald, menyw effeithiol iawn, yn gweitho'n selog yn y swyddfa yng Nghaerdydd, gyda nifer o bobol erill ac 'yn ni'n rhyw un ar bymtheg ar y pwyllgor. Ma 'na gino bob blwyddyn yn Neuadd y Ddinas Caerdydd i godi arian. Bydd rhyw 500 o ferched yn dod at 'i gili, person gwadd yn siarad, ocsiwn a raffl ac, wrth gwrs, derbyniad siampên i gychwyn pethe am hanner dydd. Llynedd godon ni tua £44,000 at yr achos, a hynny mewn un cino a dim ond merched yn bresennol. Da, yntife?

Mae hi'n anodd iawn cael noddwyr i'r achlysur a bob blwyddyn mae'n waith caled chwilio ond mae'n bwysig iawn i lwyddiant y dydd. Diolch byth fod busnes Rhodri a Huw Davies, y Cameo, yn rhoi'r gwin inni bob blwyddyn, a ma Gwenda Griffith, Fflic, wastad yn hael iawn yn talu am y blode ar y byrdde.

Dwi wedi cwrdd a neud ffrindie newydd. Wnes i synnu yn y cyfarfod cynta yr es i iddo fe, fod 'na ddwy ferch o Shir Benfro 'na, yn dod yr holl ffordd o Tydrath i bob cyfarfod – Rachel Thomas a Liz Davies, cymeriade hwylus ac annwyl, a'r ddwy yn bartneried mewn busnes llewyrchus iawn yn Shir Benfro, *Coast and Country Cottages*. 'Yn ni wedi cael sawl antur gyda'n gili. Un wedd cael gwahoddiad i fynd i ymweld â gerddi Tywysog Cymru yn Highgrove.

Wedd hi'n ddiwrnod arbennig o ffein yn yr haf a dyma ddechre mas o Gaerdydd, y ddwy wedi aros gyda fi y noson cynt yn y Barri. Dwi ddim yn arddwr mowr, ond dwi wrth fy modd yn potsian yn yr ardd getre, a gweld beth wy'n blannu yn tyfu ac yn blodeuo. Gan fod yr holl le yn llawn camerâu wedd y dair ohonom wedi cyrradd lot rhy gynnar a bant â ni i gael rhywbeth i fyta yn Tetbury. Ar y ffordd mas o'r car pwy welon ni ond Lord Oaksey; wên i wedi'i weld e gant a mil o weithie pan wên i'n cyflwyno'r *Morning Line* o'r bocs bach tywyll yn S4C. Wên i'n gwbod ar unwaith mod i mewn ardal lewyrchus iawn. Wedd Euryn fod i ddod gyda ni ond benderfynodd e fydde fe'n fwy o hwyl i ni'r merched fynd gyda'n gili. Alla i ddim gweud wrthoch chi y ffws ges i ar ôl cyrradd y *security point* i egluro pam wedd E. O. Williams ddim gyda ni yn y car. Roddon nhw'r cŵn i edrych dan y car a phopeth. Wên ni'n teimlo'n itha tost erbyn hyn. O'r diwedd cyrradd y man cyfarfod a sylwi fod 'na fysys di-ri wedi parco tu fas. Croeso mowr wedyn i bawb a choffi a bisgedi organig. Neis iawn, medde ni.

A dyma'r nefoedd yn agor a'r glaw yn arllwys lawr. Wedd rhaid mynd o gwmpas gyda tywysydd o dan yr ymbarél. Mi gymrodd awr iawn i fynd obiti a gweld popeth. Fel wên ni'n agosáu at y tŷ 'i hun, wên ni'n sylwi fod drws y stafell fwyta ar agor a dyna lle wedd 'na *easel* wedi'i osod yn edrych i lawr ar y gerddi. Wrth gwrs, ma'r Tywysog yn arluniwr ac wedi cael arddangosfa o'i waith.

Dwi'n cofio Mam wastad yn gweud wrtha i yn blentyn, 'Jen, os fydd 'na fellt a tharane, paid byth â mynd i gwato dan goeden'. Wel, wedd 'na goed ymhobman ac wedd hi'n towlu gole a tharane. Fues i riôd yn falchach na cyrradd 'nôl a chal cynnig Pimms a *canapés*. A dyma Charles yn dod i gwrdd â ni i gyd. Ges i *chat* bach neis gydag e. Mi gofiodd fod Chris Grace, gŵr fy ffrind Wendy, yn gweitho yn S4C ac yn gyfrifol am animeiddio stori fer y tywysog, 'The Old Man of Lochnagar'. Pan wedes i taw cyflwyno'r tywydd fydden i'n 'i neud, mi ddangosodd ddiddordeb mawr yn y ffaith taw sgrîn las fydde yn y cefndir tra fydden i'n traethu a bu rhaid i fi egluro'r drefen wrtho fe. Nath e ddangos gwmint o ddiddordeb, fe aethon ni i'w siop e i brynu swfenîrs ac ma'r ffedog goch 'da fi yn y gegin gydag arfbais y tywysog arni. Ma hi'n dod yn handi iawn i Euryn pan fydd e'n neud barbeciw yn yr haf! Mi ymddiheurodd fod dim bagie addas 'dag e i ni roi'r pethe wên ni wedi'u prynu yn y siop ond wnes i weud 'dim problem, falle ddown ni'n ôl i'ch gweld chi 'to rhyw ddiwrnod'. 'Croeso mowr,' medde fe.

Mi gath e wahoddiad i ddod gyda ni am bryd yn y Calcott

Manor ar y ffordd getre, ond gwrthod nath e. Yr un pryd mi wedodd e gymint fuo fe'n cefnogi'r lle yn ystod clwy'r traed a'r genau. Gethon ni ddiwrnod gwych, a phrynu lot o bethe yn y siop. Sai'n credu fod rhaid iddo gadw siop, ond ma'r elw i gyd yn mynd i'r *Prince's Trust*, felly wên ni'n falch bod ni wedi neud tamed o siopa 'na.

Gerddi gwahanol fydde'r lleoliad pan wahoddwyd Rachel, Liz a fi i gwrdd â'r Dywysoges Anne. Y Gerddi Botaneg wedd rheini. Mi ddaeth Elin Young 'da fi yn gwmni, er sai'n credu bod Elin yn rhy ffond o'r Teulu Brenhinol. Ond mi allen ni i gyd fwynhau'r gino a'r ddawns y nosweth honno. Nath y Dywysoges gyrradd mewn hofrennydd ac fe welson ni dditectifs ymhobman. Mi gethon ni siarad â hi a'r sgwrs yn troi o gwmpas fel ma plant y dyddie 'ma, gan gynnwys 'i phlant hi'i hun, ar y ffôn symudol drwy'r amser. Ma rhaid gweud, nath hi roi araith dda iawn, heb unrhyw bishyn o bapur, ac ma hi'n gweitho'n galed iawn dros ein helusen, Achub y Plant. Wên ni i gyd yn itha wêr y nosweth 'na, wedi gwisgo mewn dillad hir *posh* ysgafn, ac wedd dim gwres o gwbwl yn y babell. Wedd Rachel, Liz, Elin a finne bron â sythu. Mi aeth y siampên mas drwy'r ffenest a gorfod i ŵr Rachel, Huw, brynu wisgi a dŵr i'n cadw ni'n dwym!

Ma hen ffrind i fi o'r Barri, Menna Jones, yn ishte ar yr un pwyllgor; fi awgrymodd bod Menna'n ymuno. Mae hi wedi bod yn ffrind ers i fi symud i fyw yn y Barri, hithe a'i gŵr Colin, a'r plant Siân Elin a Rhodri Wyn. Dwi'n fam bedydd i Rhodri Wyn ac mae e nawr yn dad 'i hunan i ferch fach, Jennifer. Jen fach 'yn ni'n 'i galw hi gan taw Jen fowr wdw i! A ffrind arall fydd yn ymuno â'r pwyllgor yw Elizabeth Welply. Mae'n rhyfedd fel ma bywyd yn symud mewn cylch. Wnes i gwrdd ag Elizabeth rhyw bymtheg mlynedd yn ôl, wedyn colli cysylltiad 'to pan aeth hi draw i Lunden i fyw, ond erbyn hyn mae hi a'i gŵr Gil a'u merch Angharad 'nôl yn byw yn Sain Nicolas. Mae Elizabeth yn gantores opera heb 'i hail ac yn trio nysgu fi i werthfawrogi opera. Mae'n llwyddo'n slow bach!

Rhwydwaith yw'r pwyllgor mewn gwirionedd ac mae'n rhoi pleser mowr pan 'ych chi'n gweld yr holl beth yn dod at 'i gili a chymint o arian yn cael 'i godi i helpu plant sy'n llai ffodus na'n plant ni.

Y DIWEDD – AM NAWR

Ffindies i bot bach pwy ddiwrnod yn y cwpwrdd yn y gegin. Fy nghyfneither Gay wedd wedi 'i roi e'n bresant i fi. *Jennifer* sy ar y pot ac o dan yr enw: 'Hides her feelings towards others. Builds relationships that last'. Itha reit: dyna ddisgrifio fi i'r dim – cuddio'i theimlade at erill. Adeiladu perthnase sy'n parhau.

Dwi'n berson â meddwl dwfwn, er na fyddech chi byth yn meddwl 'ny wrth gwrs. Ac os dwi'n neud ffrindie, ma nhw'n ffrindie sy gyda fi am weddill 'yn oes. Yn enwedig Euryn; mae e'n ffrind a gŵr, ac 'yn ni wedi bod gyda'n gili nawr am ddros ddeugen mlynedd – sy'n itha record yn y busnes 'yn ni'n gweitho ynddo. Ma bywyd yn fynydde a dyffrynnodd, ond mi fydde fe'n ddiflas iawn i beido â chal y ddou beth, lan a lawr. Smo popeth yn mynd fel 'yn ni ishe bob amser; dyna'r sialens, ontife? Dwi yn un sy'n lico sialens; fe fuodd 'yn holl fywyd yn sialens, a dwi'n siŵr fydd 'na fwy i ddod dros y blynydde – gobeitho beth bynnag.

Ma'r pleser o gael gweld Soffia a Gabriel yn tyfu yn well nag unrhyw beth dwi wedi'i neud yn fy mywyd. Nhw yw'r genhedleth newydd. Mi gafodd Mam a Dad ddylanwad mowr ar Rhodri a Sara, ond wir, sai'n credu fydda i'n gallu dylanwadu ar y ddou fach hyn. Ma Soffia â meddwl 'i hunan, hyd yn ôd yn bump ôd, a dwi'n gallu gweld bod Gabriel yn benderfynol hefyd.

Un peth dwi ishe gweud wrthyn nhw pan fyddan nhw'n tyfu lan, fel wedd Mam yn gweud wrtha i o hyd, ond mod i ddim yn grondo, 'Paid byth â gwrthod canmolieth o unrhyw fath, Jen, achos ma'r hen fyd 'ma'n ddigon parod i dy dynnu lawr'.

Wedd Mr Waldron, fy athro Saesneg yn Ysgol Ramadeg Aberteifi, wastad yn gweud, 'A good essay has to have a beginning, a middle and an end, Jennifer'. Wel, ma 'na ddechre i 'mywyd, ma 'na fan canol ond alla i ddim gweud wrthoch chi beth yw'r diwedd. 'Sneb yn gwbod 'na. Dim traethawd yw hwn, ond rhan o 'mywyd dwi wedi'i rannu gyda chi. Gobeitho'ch bod chi wedi joio'i ddarllen gymaint â dwi wedi joio'i fyw. Ma geirie fy ffrind Pam yn dod 'nôl i fi, 'Have fun, Jen, that's what it's all about'. A dyna be dwi wedi neud, cael sbort – a dwi ddim wedi bennu 'to!

Rhaid mynd nawr; dwi ishe rhoi gwers golff i Soffia:

'Nawr 'te, Soffia, gafel yn y clwb a chadw dy ben i lawr.'

'Nana, pam wyt ti'n gweud "cadw dy ben i lawr" drwy'r amser?'